甘肃导游

张英华　吕开伟　刘　妍/编著

中国纺织出版社有限公司

图书在版编目(CIP)数据

甘肃导游 / 张英华，吕开伟，刘妍编著. -- 北京：
中国纺织出版社有限公司，2024.4
ISBN 978-7-5229-1504-3

Ⅰ. ①甘… Ⅱ. ①张… ②吕… ③刘… Ⅲ. ①旅游指
南－甘肃－资格考试－教材 Ⅳ. ①K928.942

中国国家版本馆CIP数据核字（2024）第055640号

责任编辑：郭 婷 责任校对：江思飞 责任印制：储志伟

中国纺织出版社有限公司出版发行
地址：北京市朝阳区百子湾东里A407号楼 邮政编码：100124
销售电话：010—67004422 传真：010—87155801
http://www.c-textilep.com
中国纺织出版社天猫旗舰店
官方微博http://weibo.com/2119887771
北京通天印刷有限责任公司印刷 各地新华书店经销
2024年4月第1版第1次印刷
开本：787×1092 1/16 印张：12.25
字数：300千字 定价：59.00元

凡购本书，如有缺页、倒页、脱页，由本社图书营销中心调换走一步千年，望一眼万年。没有哪块土地、自然和人文资源能像甘肃这样丰富多彩。黄土高原、内蒙古高原、青藏高原在这里交汇，始祖文化、农耕文化、丝路文化、黄河文化、长城文化和红色革命文化等多元文化在这里叠加。这里汇集着千姿百态的山川河岳，这里是中华文明的重要发祥地，神奇的土地孕育了神奇的文明。

打开中国地图，甘肃像一块巧夺天工的如意，镶嵌在祖国的崇山峻岭间。一步一画卷，一路越千年。古老的"丝绸之路"，如同一位饱经沧桑的长者，随着悠悠的驼铃声，向人们诉说着渐行渐远的过往。这里有"八千年历史看甘肃"的秦安大地湾遗址，有"陆上马六甲海峡"的河西走廊，有"天下第一雄关"嘉峪关，有全亚洲离城市最近的冰川雪山，有中国道教发源地崆峒山，有东乡族、保安族、裕固族等特有的少数民族风情，有二万五千里长征的红军会师地"会宁会师楼"，还有"花儿之乡"临夏，中国四大石窟中有两个在甘肃。"丝绸之路"在中国全长 7000 公里，其中，甘肃境内有 1600 多公里，占全长的四分之一，连接了天水、平凉、兰州、武威、张掖、酒泉、嘉峪关、敦煌等中国优秀旅游城市。甘肃是一部灿烂辉煌的恢宏史诗，是一座风骚独领的艺术圣地，更是一幅神奇壮美的山水画卷。

走进甘肃，就走进了中国悠久的历史，走进了华夏文明的摇篮，走进了中华民族的血脉和精魂。走进甘肃，就走进了博大和深远、传奇和美丽、激情和浪漫。

甘肃，这片神奇的土地，在 2018 年荣获了亚洲十大最佳旅游地之首的殊荣。时隔一年，2019 年 8 月 19 日至 22 日，习近平总书记莅临甘肃视察，并高瞻远瞩地提出了将文旅产业打造为推动经济高质量发展的重要突破口的战略构想。他强调，要让甘肃的文化"美起来"、产业"强起来"，绽放出更加多彩的魅力，进一步提升现代文化旅游产业的服务水平。在"一带一路"倡议的宏大背景下，甘肃作为沿线重要节点，正积极奏响与沿线国家和地区互利共赢、共同发展的"交响乐"。而"交响丝路·如意甘肃"这一旅游品牌的提出，更是凸显了甘肃文旅产业深度融合的迫切需求。党的二十大报告也为甘肃文旅产业的发展指明了方向。报告中强调，要坚持以文塑旅、以旅彰文，推进文化和旅游深度融合发展。这为甘肃文旅产业在新发展阶段把握机遇、贯彻新发展理念、构建新发展格局、推动高质量发展提供了根本遵循。当前，甘肃文旅产业正迎来前所未有的重大机遇。作为甘肃省十大生态产业之一，文旅产业必将在推动甘肃经济社会高质量发展中发挥更加重要的作用。未来，甘肃文旅产业必将绽放出更加璀璨的光彩，为世人展现一个更加美丽、多彩、活力的甘肃。

本教材的编写目的是让学生了解甘肃，认识甘肃，普及甘肃人文资源、自然资源相关知识，认识甘肃旅游资源的优势和不足，激发学生探索世界的创新精神，提高学生的人文素养。本教材按照甘肃旅游资源的分布情况共设置七个章节，内容涉及敦煌文化、石窟艺术、大漠风情、长城文化、草原风光、文化朝觐、黄河奇观、黄土风情、绿色峡谷、天池溶洞、道源圣地、民俗风情等甘肃特有的文化旅游资源，每章之后进行导游素质养成的课程思政育人环节，一章一测，一章一练，多元评价，以通俗有趣的讲解语言，配以线上美轮美奂的讲解资源，带领学生感悟甘肃厚重的历史，欣赏甘肃迷人的景色，领略甘肃独特的民俗风情。

本教材可以作为旅游管理类专业学生岗位核心领域教材，也可以作为全国导游资格考试甘肃考区科目"导游服务能力"教材以及旅游行业培训教材使用。为了让读者更深入地了解甘肃特色文旅资源，本书特录制了内容生动丰富的视频微课，紧密围绕书中知识点和导游素养评价要求，对实操讲解内容进一步拓展延伸。读者登录 www.zhihuishu.com 搜索"交响丝路 如意甘肃"即可观看视频课。对视频有任何使用中的疑问，欢迎留言至邮箱 853850644@qq.com，获得更好的学习指导。

本教材由酒泉职业技术学院的张英华、吕开伟、刘妍三位老师共同编著。在本书的编著过程中还查阅、参考了大量相关资料（参考文献附于书后），谨向相关作者表示诚挚的敬意！由于编者水平有限，书中难免存在错漏和不妥之处，敬请同行、专家和读者批评指正。

编著者
2024 年 1 月

目录

● CONTENTS

第1章 丝路天堂 心灵交响 ·· 1

1.1 走进多彩甘肃 感悟千古文明 ····················· 2

1.2 中国"心"——省会兰州 ··························· 7

1.3 导游养成 ··· 15

第2章 "丝绸之路"大漠风情游（西线） ················· 19

2.1 天马行空 自在武威——武威 ····················· 20

2.2 中国镍都——金昌 ································· 30

2.3 张国臂掖 以通西域——张掖 ····················· 32

2.4 飞天之都——酒泉 ································· 43

2.5 戈壁钢城——嘉峪关 ····························· 63

2.6 文化圣地 艺术之都——敦煌 ····················· 78

2.7 导游养成 ··· 94

第3章 回藏风情草原风光游（南线） ···················· 97

3.1 花儿之乡——临夏 ································· 98

3.2 九色甘南香巴拉——甘南 ························· 106

3.3 导游养成 ·· 115

第 4 章　寻根访祖文化朝觐游（东线） ·········· 119

4.1　陇原药都——定西 ·········· 120

4.2　羲皇故里　易学之都——天水 ·········· 126

4.3　导游养成 ·········· 136

第 5 章　黄河奇观圣地游（北线） ·········· 141

5.1　中国铜城——白银 ·········· 142

5.2　导游养成 ·········· 146

第 6 章　道源胜境黄土风情游（东北线） ·········· 151

6.1　道源圣地——平凉 ·········· 152

6.2　高天厚土——庆阳 ·········· 160

6.3　导游养成 ·········· 169

第 7 章　绿色峡谷天池溶洞游（东南线） ·········· 173

7.1　陇上江南——陇南 ·········· 174

7.2　导游养成 ·········· 182

参考文献 ·········· 186

附　录　交响丝路　如意甘肃 ·········· 187

第 1 章

丝路天堂　心灵交响

● **知识目标：**

了解甘肃的自然风光、人文历史、民俗风情。

● **能力（技能）目标：**

储备关于省会兰州的文化、历史、自然和人文旅游相关知识，能介绍兰州的主要旅游景点、风土人情、特色美食，丰富讲解内容，完善导游专业知识体系。

● **素质目标：**

通过总体学习和掌握甘肃丰富的旅游资源知识，对进一步了解家乡的自然、人文、旅游资源和文化知识有所期待，增强讲好家乡故事的使命担当和文化自信。

● **拓展学习：**

扫码学习本章拓展阅读知识，观看特色视频微课。

1.1 走进多彩甘肃 感悟千古文明

1.1.1 自然甘肃

"甘肃"一词是在西夏时出现的。西夏立国后，1028年起，党项族占领河西，张掖遂被西夏统治，西夏人在河西走廊西部地区设立了军事指挥机关——甘肃军司。之所以把今天甘肃河西走廊地区称为甘肃，是因为甘肃军司管辖了两个重要的地区——甘州和肃州二州，故此人们取甘州（今张掖）、肃州（今酒泉）两个州的首字而命名该地为"甘肃"。

提起甘肃，人们总认为它是一个西北偏远之地，但实际上看甘肃的平面位置，正处在我国版图的中心。甘肃东接陕西，南邻四川，西连青海、新疆，北边与宁夏、内蒙古相邻。甘肃地处黄河上游，地域辽阔，地形狭长，似一柄如意镶嵌在黄土高原、内蒙古高原和青藏高原的交汇处。

甘肃拥有河谷、沙漠、戈壁，地貌类型齐全，交错分布，地势自西南向东北倾斜。在这45万平方公里的土地上，分布着复杂的地貌形态，大致可分为各具特色的六大地形区域：陇中黄土高原、甘南高原、祁连山地、河西走廊，以及河西走廊以北地带、河流区域。

甘肃省水资源主要分属黄河、长江、内陆河3个流域，9个水系。黄河流域有洮河、湟河、黄河干流、渭河、泾河等5个水系；长江流域有嘉陵江水系；内陆河流域有石羊河、黑河、疏勒河3个水系。

1.1.2　人文甘肃

中华文明博大精深，源远流长，美丽的甘肃则是中华文明的重要发祥地之一，在这里，丝路文化、黄河文化、长城文化、始祖文化、红色文化等多元文化汇聚交融。

甘肃全省总人口为 2600 万人。甘肃自古以来就是个多民族交汇融合的省份，全省共有 44 个少数民族，其中在千人以上的有回族、藏族、东乡族、土族、裕固族、保安族、蒙古族、撒拉族、哈萨克族、满族等 10 个民族。东乡、裕固、保安为 3 个特有少数民族。

从分布情况来看，回族主要聚居在临夏回族自治州，散居在兰州、平凉、定西等地市；藏族主要聚居在甘南藏族自治州和河西走廊祁连山的东、中段地区；东乡、保安、撒拉族主要分布在临夏回族自治州境内；裕固、蒙古、哈萨克族主要分布在河西走廊祁连山的中、西段地区。

甘肃现有 5 种宗教：伊斯兰教、佛教、天主教、基督教、道教。其中信仰伊斯兰教和藏传佛教的人口较多。信仰伊斯兰教的民族主要是回族、东乡族、撒拉族、保安族、哈萨克族；信仰藏传佛教的民族有藏族、蒙古族、土族、裕固族。天主教、基督教和道教在各民族中都有信仰，但人数不多。

甘肃的旅游资源十分丰富，主要有古文化遗址、古文物、石窟艺术、长城遗址、名刹古寺、革命纪念地、黄河和"丝绸之路"。

甘肃还是中国革命的摇篮之一。陇东是中国土地革命时期硕果仅存的革命根据地，中国工农红军二万五千里长征横贯甘肃，从腊子口到哈达铺，从榜罗镇到会宁，西路红军浴血奋战在河西走廊，胜利之师落脚陇东，红色飘带绕遍陇原大地。

由于甘肃地理位置的特殊性，其自古就是汉文化、中原文化与西域文化的交汇地。河西走廊是丝绸之路的重要路段，"丝绸之路"文化在甘肃遗存最多而且最珍贵。甘肃的石窟文化璀璨闪烁，有举世闻名的敦煌莫高窟和麦积山石窟。

1.1.3　甘肃旅游资源

甘肃的旅游资源十分丰富，文物古迹是甘肃最大的旅游资源，"丝绸之路"是全省旅游的主题。甘肃有着特殊的地理环境、气候条件和历史沿革；它的旅游文化资源有五方面的突出优势：

一是石窟寺优势。甘肃境内的石窟寺数量之多，品位之高，分布之广，均在国内首屈一指。全省现存大小石窟寺群近百座，举世闻名的敦煌莫高窟为联合国教科文组织确定的世界文化遗产，与有"东方雕塑馆"之称的天水麦积山石窟同被列入中国四大石窟。此外，永靖炳灵寺石窟、庆阳北石窟、武威天梯山石窟、张掖马蹄寺石窟群、泾川南石窟等也以其独特的艺术魅力享誉国内外。

二是长城优势。甘肃境内的古长城纵横交错，累计长4000余公里，包括秦、汉、明三朝长城，而且它们的西部终点均在甘肃。河西地区还存有晋代长城、西夏和元代城障，陇东地区布列有宋代城堡和烽燧，甘南地区矗立着明代"边墙"。可以说，凡在中国历史各个时期修筑的长城，都可以在甘肃大地上找到遗迹。

三是彩陶文化优势。甘肃是我国彩陶起源最早、发展时间最长、分布范围最广、艺术成就最高的地区，素有"彩陶之乡"的美称。距今7800年前的秦安大地湾一期文化出土的彩陶，为世界上最早出现的彩陶文化；距今4000多年前的马家窑文化彩陶，不仅代表了中国彩陶文化的最高水平，也是世界古代彩陶文化中艺术成就最辉煌的。

四是简牍优势。甘肃先后出土简牍5万余枚，其时代属秦、汉、晋、唐、西夏等不同时期，内容广博，保存完好，备受历史和考古学界的重视。

五是古文化遗址优势。甘肃历来是国内外考古学界密切关注的省区之一，目前以首次发现的典型遗址所在地命名的古文化类型在全省多达十几个，其中属新石器时期的主要有大地湾文化、马家窑文化、齐家文化，属青铜时代的主要有辛店文化、寺洼文化、四坝文化、沙井文化和骟马文化等，其年代由距今7000多年一直延续到距今2000多年，成为一部形象的历史教科书。

甘肃旅游资源的独特优势，为开展文化旅游、学术旅游、宗教旅游、观光旅游等奠定了雄厚的资源基础。

（1）古文化遗址

甘肃有悠久的历史，遗留下许多先民的活动遗迹，人们可以凭此来了解祖先们的生活。甘肃古文化遗址主要有：秦安大地湾遗址、马家窑文化遗址、齐家文化遗址、玉门火烧沟遗址、辛店文化遗址、寺洼文化遗址、沙井文化遗址、灵台西周墓葬、平凉四十里铺战国墓、崇信于家湾西周墓地、甘谷毛家坪、陇西西河滩西周遗址、武威旱滩坡汉墓、武威雷台汉墓、河西魏晋壁画和砖画墓、敦煌佛爷庙——新店台晋墓群、敦煌齐家湾墓群、秦安县唐墓、武威西郊林场西夏墓、漳县元代汪世显家族墓、兰州西郊明代墓葬。这些年代不一的古遗址是甘肃独有的财富，人们在游历的同时能增长许多历史知识。

（2）古文物

甘肃多年来出土了大量文物，由此建立了一批各具特色的博物馆。甘肃汉简数量众多，内容丰富，自成特色，尤以居延汉简、敦煌汉简、武威汉简、甘谷汉简著称。甘肃还有为数众多的古代岩刻画。这些岩刻画是西北古代游牧民族生活的写照，为研究我国古代少数民族的生活提供了宝贵的资料，集学术和旅游价值于一体。

（3）石窟艺术

甘肃有引以为傲的石窟艺术。石窟数目众多，类型多样，是甘肃旅游不可或缺的观赏内容。甘肃有被誉为"世界艺术宝库"的敦煌莫高窟，有"东方雕塑馆"之称的麦积山石窟，还有炳灵寺石窟、榆林石窟、文殊山石窟、昌马石窟、东千佛洞、西千佛洞、马蹄寺石窟群、北石窟寺、南石窟寺、王母宫石窟、水帘洞石窟群和天梯寺石窟。石窟中有壁画、泥塑、石雕，石雕中不仅有人物、动物、植物形象，还有众多的圆雕、浮雕佛塔，令人叹为观止。

（4）长城遗址

甘肃境内几乎保存有中国各个时代的长城遗址，秦长城遗迹历时2200多年，全部由黄土夯筑。汉长城遗迹大部分在河西走廊，还保留有烽火台。甘肃境内最长、最完整、最宏伟的长城遗迹是明长城，全长约有1000公里。这些至今犹存的伟大工程，是甘肃大地上的一道特别的风景。

（5）边关古城遗迹

甘肃著名的边关古城有玉门关和阳关，它们是汉代建筑，是"丝绸之路"南北通道上的重要关隘；此外还有"天下第一雄关"嘉峪关、沙洲古城、大方盘城、寿昌古城、锁阳城、石堡城和桥湾城等。

（6）名刹古寺、名塔古钟及其他古建筑

历史上流传于甘肃的宗教众多，佛教和伊斯兰教最为盛行，相应的名刹古寺很多。甘肃有黄教六大寺院之一的夏河拉卜楞寺，有名扬中外的张掖大佛寺、"陇右学宫之冠"的武威文庙、"华夏第一庙"天水伏羲庙；甘肃的名塔有武威罗什寺塔、张掖木塔、华池双石塔、宁县政平砖塔；古钟有武威大云寺铜钟、宁县铜钟、慈云寺女真文铁塔；古建筑有酒泉鼓楼、陇西威远楼、渭源灞陵桥。

（7）风景区

甘肃的自然景观自成特色，有许多奇山异水。主要的名胜风景区有麦积山、崆峒山、兴隆山、莲花山、吐鲁沟、贵清山、五泉山、白塔山、鸣沙山与月牙泉、渥洼池、天池、西汉酒泉、雁滩等。

（8）革命纪念地

甘肃的革命纪念地有陕甘边区苏维埃政府旧址、俄界会议遗址、腊子口战役遗址、哈达铺红军干部会议遗址、榜罗镇红军干部会议遗址、会宁会师遗址、八路军驻兰州办事处旧址、抗日军政大学第七分校校部旧址、高台烈士陵园、华林坪烈士陵园等。

（9）黄河

甘肃地处黄河上游，黄河风情线是甘肃旅游的一个亮点，分为兰州黄河风情线和永靖黄河三峡风景名胜、景泰黄河石林等。兰州黄河水车和羊皮筏子展现了古老的黄河文明。

（10）丝绸之路

"丝绸之路"长达7000余公里。自汉代以来，以武威、张掖、酒泉、敦煌四郡为中心，东西相承形成的河西走廊通道，长期以来一直是"丝绸之路"的重要路段。"丝绸之路"古道上的遗迹，既是世界交通史、贸易史、经济史及民族、语言、考古、文化、民俗和艺术研究的重要资料，也是甘肃旅游的主题特色。

1.2　中国"心"——省会兰州

1.2.1　金城兰州

汉朝，一个神奇而伟大的朝代，汉唐盛世，开启了"丝绸之路"，打开了与西域通商的大门，以贸易稳定边疆。茶马古道上，马帮的铃声悠扬回荡，商贾络绎不绝，市集熙熙攘攘，茶马互市的繁荣景象为西北地区带来了经济的蓬勃发展。"丝绸之路"是汉朝带给世人的瑰宝，而作为丝路重镇的兰州，位居商埠要塞，宛若一颗耀眼的明珠，在西北大地上熠熠生辉。早在公元前 3000 年，华夏民族最早的一支嫡系就沿着九曲黄河的流脉在此繁衍生息，这里也如同它座中四联的地理位置一样成为十字路口。丝绸西去、天马东来的盛况，似乎还在历史的烟波浩渺中涤宕。

中国陆域版图的几何中心——兰州，作为中华民族华夏文化的重要发祥地之一，马家窑文化、齐家文化成为兰州历史文化的典藏，黄河文化、丝路文化、中原文化与西域文化交汇于此，形成了多民族文化的融合交汇。兰州始建于公元前 86 年。据记载，因初次在这里筑城时挖出金子，故取名金城，还有一种说法是依据"金城汤池"的典故，喻其坚固。两汉、魏晋时在此设置金城县。隋开皇三年 (公元 583 年)，隋文帝废郡置州，在此设立兰州总管府，"兰州"之称，始见于史册。后来虽州、郡数次易名，但兰州的建置沿革基本固定下来，沿袭至今。

兰州地处中国西北地区、甘肃省中部，是甘肃省省会，全市辖三县五区，总面积 1.31 万平方公里，总人口 441.35 万。兰州是国务院批复确定的中国西北地区重要的工业基地和综合交通枢纽，是西部地区重要的中心城市之一，是"丝绸之路"经济带的重要节点城市，也是新亚欧大陆桥中国段五大中心城市之一，享有"丝路重镇""黄河明珠""西部夏宫""水车之都""瓜果名城"等美誉。

兰州是黄河流域唯一黄河穿城而过的城市，市区依山傍水，山静水动，形成了独特的城市景观。为了突出山水城市特色，目前兰州正在加快实施南北两山环境绿化和黄河风情旅游线综合开发工程，把黄河市区段 40 公里两岸道路桥梁建设、河堤修砌加固、航运河道疏浚、旅游景点开发、城市建筑风格以及绿化、美化、亮化融为一体。

兰州是黄河上游资源富集区的中心，境内探明的黑色金属、有色金属、贵金属、稀土等 35 个矿种极具潜在经济开发价值。兰州水力资源丰富，以兰州为中心的黄河上游干流段可建 25 座大中型水电站，现已建成刘家峡、八盘峡、盐锅峡等水电站。

兰州是闻名全国的"瓜果城"，盛产白兰瓜、黄河蜜瓜、软儿梨、白粉桃等瓜果，百合、黑瓜子、玫瑰、水烟等土特产品蜚声中外，素有"看景下杭州、品瓜上兰州"之说。

　　兰州的旅游资源有着广阔的开发前景，市域内有我国保存最为完好的土司衙门——鲁土司衙门，有"天下黄河第一桥"——中山铁桥，有"陇右第一名山"——兴隆山，有国家级森林公园——吐鲁沟、石佛沟、徐家山，有"母亲河、生命河"的象征——黄河母亲雕像，还有"陇上十三陵"——明肃王墓等。兰州还是"丝绸之路"大旅游区的中心，东有天水麦积山、平凉崆峒山，西有永靖炳灵寺，南有夏河拉卜楞寺，北有敦煌莫高窟。

　　兰州是大西北的交通通信枢纽。陇海、兰新、兰青、包兰四大铁路干线交会于此，兰州西货站是西北地区规模最大、技术最先进的货运站和新亚欧大陆桥上重要的集装箱转运中心。六条国道在这里交会，辐射周边地区的四条高速公路现已竣工通车。新扩建的兰州中川机场距市区38.5公里，与国内30多个城市直接通航，开通直飞新加坡、日本等国家和地区的旅游包机航线，是目前西北地区一流的机场。

　　悠悠驼铃声，漫漫丝路情，历经打磨的明珠在未来会越发闪耀出璀璨的光芒。

1.2.2　兰州五泉山

兰州夹在南北两山之间，南面的山叫皋兰山，而五泉山就坐落于皋兰山的北麓，属皋兰山的一部分。五泉山背靠皋兰，面对市区，海拔 1600 多米，现占地面积 26.7 万平方米。山上现保存有明清以来的古建筑十多处。庙宇楼台依山就势，错落有致；长廊阁道上下连通，蜿蜒曲折。山间丘壑起伏，林木苍翠，环境清幽，空气宜人。1955 年五泉山被国家正式开辟为公园，每年农历四月初八，山上举办庙会，除浴佛和法事活动外，还设有花卉展览和各种民俗文化活动，现已成为兰州人休闲旅游的首选去处。五泉山因有惠、甘露、掬月、摸子、蒙等五眼泉水而得名，五眼清泉各具特色，现已是公园的重要景点，它们从东向西呈弧线形分布。

关于五泉山的来历，有这样一段传说，西汉年间，骠骑将军霍去病率领骑兵万人，奉武帝之命征讨河西走廊一带的匈奴。他的部队途经兰州，扎营在皋兰山脚下。经过了长途跋涉，全军已是人困马乏，附近一带却怎么也找不到水源，不能做饭。副将急忙请示，要骠骑将军拿主意。霍去病镇定自若，拿起马鞭在山坡上戳了五下，霎时有五股清泉顺着鞭痕从山坡汩汩流出，水味甘甜，不光供足了三军将士的用水，而且一直流到了今天，成为历代兰州人民饮用的重要水源。其实，公元前 121 年，年仅 20 岁的骠骑将军霍去病远征匈奴时，从今天的甘肃临洮出发，过焉支山，与匈奴军队鏖战于皋兰山下，这个皋兰山是今天张掖地区高台县北的合黎山，兰州的南山大约在北朝的时候才称作皋兰山，与霍去病毫无关系。但是后来的人们，一直把兰州的皋兰山当作霍去病远征的皋兰山，明朝以后就有了霍去病鞭戳五泉的传说。

五泉山是一座佛教名山，建筑绝大多数是佛教殿堂。中峰高处为古建筑群。从山门沿中间通道直上，有蝴蝶亭、金刚殿、大雄宝殿、万源阁、文昌宫、地藏寺、千佛阁等古庙宇依山就势排列，层层相叠，以石阶亭廊相连。中峰两翼为东西龙口，五泉沿东龙口——文昌宫——西龙口呈弧形排列，悬于山腰。各泉间又以石阶栈桥和亭阁四廊相连。现存最古老的寺院是建于明朝的崇庆寺，俗称浚源寺，它建于明洪武五年（公元 1372 年）。除此之外，还有千佛阁、地藏寺、卧佛殿、嘛呢寺等。每逢佛教的重要节日，这里都要举行盛大的佛事活动。

五泉山上保存有自金代以来的数百件历史文物，其中最著名的是崇庆寺内保存的一口泰和铁钟，此钟铸于金泰和二年(1202 年)，高 3 米，直径 2 米，重达万斤。金刚殿内完好地保存了一尊铸于明洪武元年(1368 年)的铜接引佛和莲花基座。佛像高 5.3 米，围宽 2.7 米，重 1 万余公斤，面露笑容，神态自然，为铜像之精品。

1.2.3 兰州白塔山

白塔山位于兰州市黄河北岸，海拔 1700 多米，山势起伏，有"拱抱金城"之雄姿。古代，这里是军事要冲，山下有气势雄伟的金城关、玉迭关、王保保城；山上有层层峰峦，其中"白塔层峦"为兰州八景之一。

站在黄河南岸，举目北望，黄河铁桥、白塔山公园建筑群、白塔寺浑然一体，尽收眼底，有"河桥远眺"之称。走过黄河铁桥，白塔山一、二、三台建筑群迎面耸立，这是自1958 年建园时在坍塌的古建筑废墟上重建的，总建筑面积八千余平方米。这个建筑群把对称的石阶、石壁、亭台、回廊连贯起来，上下通达，层次分明，结构严整，是我国古代建筑中别具风格的建筑形式。重叠交错的重檐四角亭、砖木结构的三台大厅等建筑物都配饰砖雕、木雕和彩画，建于峰峦之上的白塔主峰、望河楼、法雨寺悬楼、三官殿、凤林香袅牌坊、三星殿等古建筑参差巍峨，峻峭别致，结构巧妙，精美灵秀。

白塔寺始建于元代，据记载，元太祖成吉思汗在完成对大元帝国疆域统一的过程中，曾致书西藏拥有实权的萨噶派法王。当时萨噶派法王派了一位著名的喇嘛去蒙古拜见成吉思汗，但到了甘肃兰州，因病逝世。不久，元朝下令在兰州修塔纪念。元代所建的白塔已不存在了，现存的白塔系明景泰年间（公元 1450—1456 年）镇守甘肃内监刘永成重建的。清康熙五十四年（公元 1715 年）巡抚绰奇扩大寺址，命名为慈恩寺。寺内白塔身为七级八面，上有绿顶，下筑圆基，高约 17 米。塔的外层通抹白灰，刷白浆，故俗称白塔。塔建成后，几经强烈地震，仍屹立未动，显示了古代劳动人民在建筑艺术上的智慧与才能。

白塔寺原有"镇山三宝"：象皮鼓，青铜钟，紫荆树。相传象皮鼓为一印度僧人云游白塔时所赠，现在仅存仿制品；青铜钟为清康熙年间铸造，重为 153.5 公斤，现存寺内；枝繁叶茂的紫荆树系后人重栽。北端山头有牡丹亭，亭内有一碑，据说原碑在湖南衡阳市，字形怪异难辨，后人附会为大禹治水时所刻。宋嘉定五年（公元 1212 年），何玫摹刻于岳麓书院。兰州此碑，系清咸丰十一年（公元 1861 年）所立，碑高九尺，宽三尺，上刻七十七字。

白塔山西北方，林木葱郁，朝阳山、马头山、冠云山、环翠山，峰峦层叠。浓荫深处，有休息亭，供游人小憩。亭前有蓄水池。这里山高林密，是登山远眺、避暑纳凉的好地方。公园内独特的黄河奇石馆和裕固族接待帐房为别处少见，独具风格。山下为中山桥，使二者连为一体，成为兰州旅游的必经之地。

1.2.4　兰州中山桥

兰州因桥而享誉世界，因桥而生机勃勃，历经百余年，有"天下黄河第一桥"之称的兰州中山桥，实为甘肃近代史上的一次壮举。

中山桥位于兰州城北白塔山下，是兰州境内历史最为悠久的古桥。中山桥的前身系黄河浮桥。黄河浮桥是明洪武五年（公元 1372 年），宋国公冯胜在兰州城西 7 里处始建的。明洪武九年（1376 年），卫国公邓愈将此桥移至城西 10 里处，称为"镇远桥"。明洪武十八年（公元 1385 年），兰州卫指挥杨廉将浮桥移至现在的位置——白塔山下。至今兰州还存有建桥时所遗的重 10 吨、长 5.8 米的铸铁浮桥柱 3 根，人称"将军柱"。柱上铸有"洪武九年，岁次丙辰，八月吉日，总兵官司卫国公建斯柱于浮桥之南，系铁缆一百二十丈"的字样。

当年的黄河浮桥，用 24 只大船横排于黄河之上，船与船之间相距 5 米，以长木连接，铺以板，围以栏；南北两岸竖铁柱 4 根，大木柱 45 根，有两根各长 50 米的粗铁链，将船固定在河面上。冬季黄河结冰则拆除，春季则又重搭浮桥。"忙看三月桃花冰，冰泮河桥柳色青"的诗句，就是当时浮桥的写照。兰州古八景之一的"降龙锁蛟"也是指这种景色。光绪三十三年（公元 1907 年），清政府在兰州实业家彭英甲和甘肃总督升允的建议和赞助下，动用国库银 30 万两，由德商泰来洋行喀佑斯承建，美国人满宝本、德国人德罗作技术指导，将浮桥改建为长 233.3 米、宽 7.5 米的黄河第一座铁桥，初名"兰州黄河铁桥"，1942 年改为"中山桥"。

铁桥在 1949 年受战火影响，中断通行 11 个昼夜。后经抢修虽恢复了通行，但人行桥上桥面晃动不定，已难以担负日益繁忙的运输任务。1954 年，人民政府对铁桥进行了全面的整修加固，增加了弧形钢架拱梁，使这座古老的铁桥不仅变得坚固耐用，还威风凛凛，绚丽壮观。随着时间的推移，兰州市区已架起了十多座造型美观、结构新颖、工艺先进、气势不凡的铁路公路桥。经过一百多年的风风雨雨，中山桥已完成了它的历史使命，现在的中山桥已改为步行桥，人们在桥上拍照、休闲、娱乐，这座古老的黄河铁桥已不再是沟通黄河南北的唯一通道了。尽管如此，人们还是敬仰它、观赏它。它就像一部史诗，记录着兰州古往今来的历史与变迁。

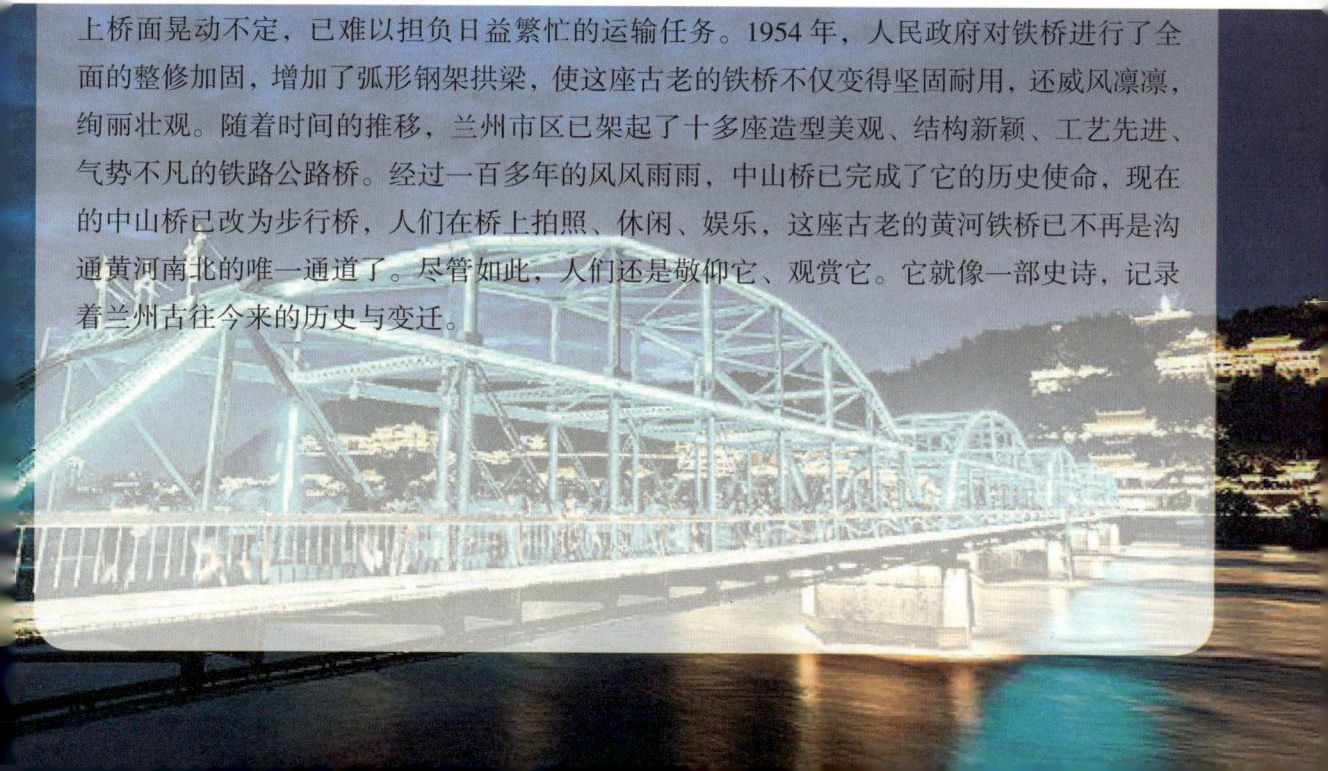

1.2.5　兰州百里黄河风情线

"兰州好,景物胜当年。昔日无风三尺土,而今万里碧云天,爽气沁心田。兰州好,好景在滨河。万里笼荫遮玉路,长天连水剪鳞波,俩俩踏青歌。"词人邬惕吾所言之"滨河",即兰州滨河路带状公园,又称黄河风情线。

黄河全长 5464 公里,流经九个省区,但在全国大型城镇中,唯有兰州得天独厚,黄河穿流而过。沿黄河两岸,兰州开通了一条西起西固工业区的西柳沟,东至城关区桑园峡,东西约 50 公里的滨河路,并打造了全国唯一的城市内黄河风情线,被称为兰州的"外滩"。在河的两岸相继建成观光长廊、"生命之源"水景雕塑、寓言城雕、黄河母亲雕塑、绿色希望雕塑、西游记雕塑、平沙落雁雕塑、近水广场、亲水平台、东湖音乐喷泉、黄河音乐喷泉、人与自然广场,以及龙源园、体育公园、春园、秋园、夏园、冬园、绿色公园和其他沿河景观。

很长时间以来,兰州人介绍家乡时都会提到自己的两张名片——《读者》杂志和兰州拉面。现在,兰州人会更热衷于推广他们的第三张名片——百里黄河风情线。因为它代表了兰州的特色,也体现了兰州的发展。

"黄河母亲"雕塑,秀发飘拂,神态慈祥,身躯颀长匀称,微微含笑,抬头,微曲右臂,仰卧于波涛之上,右侧依偎着一男婴,头微左倾,举首憨笑,显得顽皮可爱。雕塑构图精炼,寓意深刻,象征着哺育中华民族生生不息、不屈不挠的黄河母亲和快乐幸福、茁壮成长的华夏子孙。

在"黄河第一桥"中山桥下,几十只羊皮筏子散荡在宽阔的河面上。皮筏时而在浪涛中搏击,引得游客尖叫声不绝;时而顺水漂荡,激起朵朵浪花"亲吻"游人脚跟。尽管筏工悠然自得,游人却也"胆寒心惊",疾呼刺激、过瘾。

"绿色希望"雕塑位于黄河母亲雕塑东侧,主像由高 11 米、8 米、3 米三株汉白玉圆锥体变形树组成,高低参差、疏密有致地矗立于园林绿地中,寓三木成"森"之意,反映甘肃人民种草种树、绿化陇原的伟大壮举。

喜欢静的人,则可卧躺于黄河水上茶园的椅子上品茶论道,或坐于岸边让脚享受河水的爱抚和阳光的亲吻,欣赏着烂漫的鲜花,品味着芳草的气息,垂柳依依,河水滔滔,别有一番滋味在心头。

1.2.6　兴隆山

兴隆山位于兰州市榆中县城西南 5 公里处，距兰州市 60 公里，最高峰海拔 2500 米，古因"常有白云浩渺无际"而取名"栖云山"，有"陇上名胜"之称，被誉为"陇右第一名山"。兴隆山早在西周时已成为道人凿洞修行之地。

唐宋时，兴隆山神殿甚多，香火旺盛，称"洞天福地"。史载公元 1227 年，成吉思汗在攻打西夏时，病逝于兴隆山，其衣冠、兵器和用物安放于此。1949 年 8 月其灵柩才迁往青海塔尔寺。兴隆山因这段历史更加出名。清代时，这里庙宇楼阁或依山面壁，或深藏密林，雕梁画栋，飞檐红柱，甚为壮观，后大多被毁，仅存一座清代所建飞跨兴隆峡的云龙桥。清康熙年间取复兴之意，改名"兴隆山"。

兴隆山是国家级自然森林保护区。主峰由东西二峰组成，东峰"兴隆"海拔 2400 米，西峰"栖云"海拔 2500 米，二峰间为兴隆峡，有云龙桥横空飞架峡谷。现栖云峰有朝云观、雷祖殿等殿阁；兴隆峰有太白泉、大佛殿、喜松亭、滴泪亭等景点。

清乾隆年间，山西曲沃人刘一明（道号悟元子）在此山中苦修 30 余年，起造建筑 70 余座，著书 30 余部，为研究医学、道教历史留下了珍贵的文献。"一代天骄"成吉思汗与西夏交兵，曾在这里施展过雄才大略。明崇祯二年，李自成于这里揭竿起义。

20 世纪 50 年代，全山亭台楼阁以及庙宇达 70 多处，景点 24 处，成为佛道胜地。最著名的景点云龙桥是一座画廊式木拱桥，桥身为木体弓形，精巧玲珑，似彩虹跨越山涧。桥身长 155 米，宽 3 米，桥上设廊 7 间，桥的两头各有一阁，是歇山顶四角飞檐的建筑。廊内雕梁画栋，廊顶覆盖琉璃瓦。按道家的义理，"龙腾云，云从龙"，这座桥使栖云、兴隆两峰贯通一气，所以叫做"云龙桥"。桥头篆刻着一副醒目的对联："云比泰山多，霖雨苍生仙人悦；龙入沧海外，扑峦翠霭灵气来。"

另一人文景观为蒋介石官邸。1942 年，国民党甘肃省政府为迎接蒋介石来兰，抽调了专门的工程设计人员，在此修建了一所小巧玲珑、结构独特、庄严深邃的小别墅——蒋氏行宫。

1.2.7　舌尖上的兰州

"中国西北游，出发在兰州。"黄河给西北高原带来了生命的慰藉，而兰州就是喷涌在这片大地上的民族之井。兰州是唯——座黄河环绕的大都会，这是一座因"拉面"而声名鹊起的城市。

兰州人的早晨是从一碗牛肉面开始的，它以"汤镜者清，肉烂者香，面细者精"的独特风味和"一清（汤清）、二白（萝卜白）、三红（辣椒油红）、四绿（香菜、蒜苗绿）、五黄（面条黄亮）"，赢得了国内乃至全世界顾客的好评，并被中国烹饪协会评为三大中式快餐之一，得到"中华第一面"的美誉。

"黄河水奔腾不息，牛肉面日夜飘香"，兰州的牛肉面可谓是名扬天下，为此，《舌尖上的中国》栏目专门制作了一期牛肉面专题。黄河之水横穿整个兰州市，在这个狭长的城市里，蕴藏了1000多家牛肉面馆。"柔韧滚烫"这四个字，可能是每个人吃完正宗兰州牛肉面后赞不绝口的关键。

下一个要着重推荐的是全兰州最好喝的牛奶鸡蛋醪糟。它是用牛奶、鸡蛋、醪糟、葡萄干、花生米、黑芝麻、白芝麻、银耳混合熬制而成。淡淡的酒香融合了奶香，还有嫩嫩的蛋花和略凝固的牛奶，配上浓郁的芝麻香气，解馋、解渴、解饱。

来到兰州，牛羊肉不可不尝。首先来说说羊杂汤，羊杂汤鲜香暖胃，大个的羊头有压倒性的震慑力。羊的心、肝、肚、肺铺陈开去，真是一点儿没浪费。烤羊肉也是最不能错过的，在焰火中挥洒孜然、辣椒的豪迈，场景独具西北风格。烤过的羊肚用蒜汁赋予它更有层次的味道，爽脆可口。

甜醅是西北地区的特色小吃之一，用燕麦或青稞制作，味道和醪糟有一些像，偏甜，在兰州的大街小巷随处可见，夏天时是消暑的好伴侣。

冬果梨在兰州有着几百年的栽种历史，肉质鲜嫩，皮薄多汁，9月收获，可贮藏到次年6月，色味不变，具有清心润肺、润喉消痰、降火止咳的功效。兰州人多在冬季把冬果梨掏空去核，再装入蜂蜜、冰糖煮熟，连汤带果食用，称为热冬果。

来到兰州，尤其是夏天，一定要尝尝兰州的浆水面。浆水是将卷心菜、芹菜、苦苣、萝卜、土豆、黄豆芽等在沸水里烫过后，加酵母发酵而成的一种饮品，淡白色，味道偏酸，喝的时候可以加些白糖，夏季时饮用冰镇解渴。如果把浆水用辣椒和葱加油炝过，再加进拉面，就成了一碗西北有名的浆水面。若配上浆水面的"好搭档"卤肉、排骨、猪蹄、凉菜、虎皮辣椒，味道会更棒！

行走在西北，你不仅会流连于雄浑壮阔的风景，还会忘返于垂涎欲滴的美食。

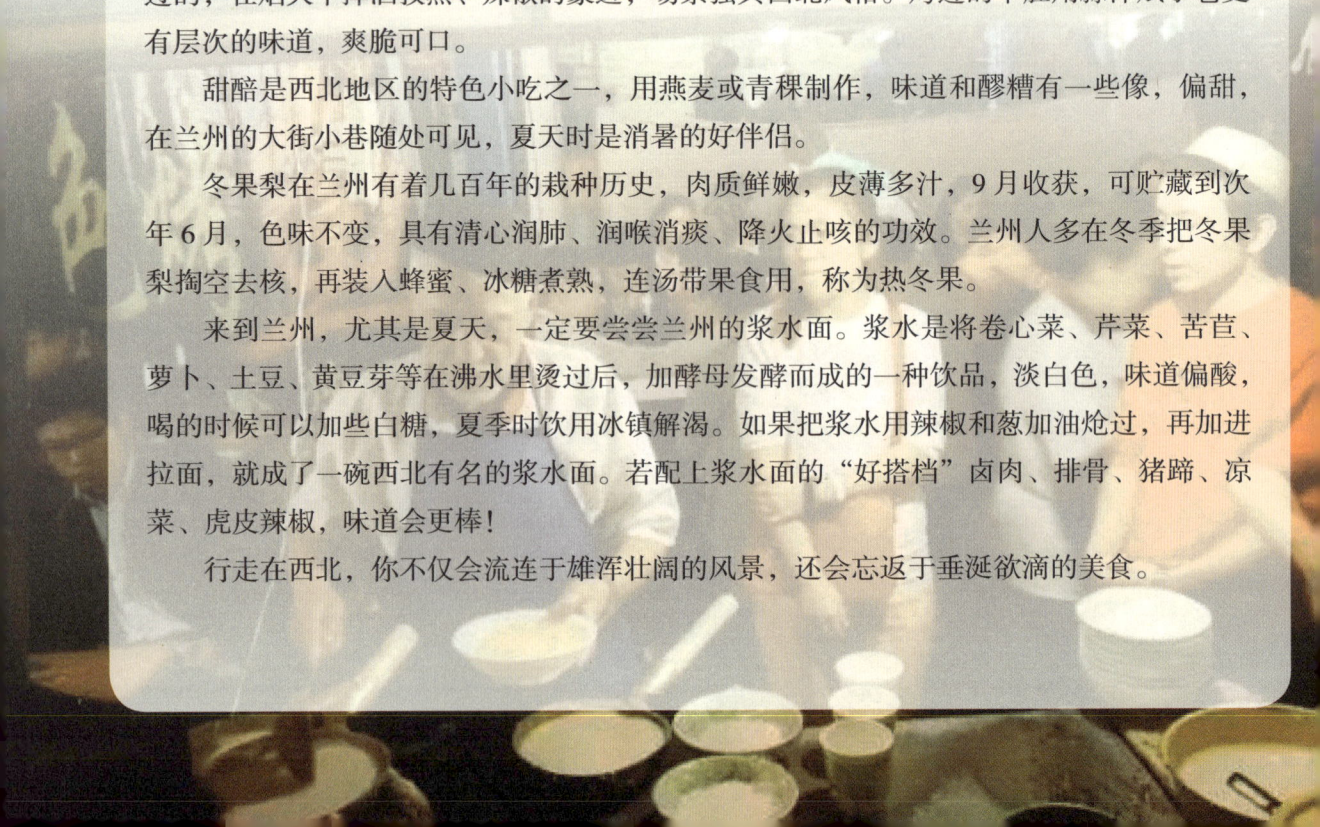

1.3　导游养成

1.3.1　案例阅读

导游事迹感动天，正能量无处不在！

很多人一提起报名参加旅行团，都会嗤之以鼻，仿佛报团已经很落伍，殊不知，正因为有导游的存在，很多意外也会迎刃而解……

2016 年 8 月 11 日，张家界导游刘真在带江苏团途中，团中一小女孩突发疾病失去意识晕倒，情况十分危急，如果按常规拨打 120 等待急救，时间很可能来不及，小女孩的妈妈心急如焚不知所措。

情急之下，导游刘真立即背起孩子以最快的速度从袁家界山顶一路冲到医院，为孩子赢得了宝贵的抢救时间，孩子转危为安。事后主治医生透露，孩子如果晚到一小时后果将不堪设想。

回顾这件事，刘真说："不光是我，相信换了任何一个导游都会这样做，这是我们应该做的。"接下来，他又将投入忙碌的工作中。

网上经常会看到关于旅行社和导游的一些负面消息。这些负面新闻频频出现，在大家的心中，感觉导游的名声越来越差。有不少游客对导游甚至时刻提防或者百般刁难。

💬讨论

导游在带团过程中经常会遇到客人突发急症，甚至遭遇突发危机，在这种情况下，导游是应该先考虑自身的安危，还是要先奋不顾身照顾好客人？为什么？

1.3.2　技能提升

（1）一章一测（理论测试 10 题，每题 5 分，共 50 分）

1.甘肃土地资源丰富，全省土地总面积（　　　）万平方公里。

A.43.55　　　　　　　B.44.45　　　　　　　C.45.44　　　　　　　D.44.55

2.元朝时甘肃正式设省，其行政区域不包括（　　　）。

A. 甘肃西部　　　　　B. 甘肃东部　　　　　C. 宁夏　　　　　　　D. 青海

3.甘肃有悠久的历史，遗留下了很多古文化遗迹，下列不属于甘肃古文化遗迹的是（　）。

A. 马家窑文化遗址　　B. 沙井文化遗址　　C. 秦安大地湾遗址　　D. 三星堆遗址

4.兰州历史上第一座城堡是（　　　）。

A. 铜城   B. 石城   C. 金城   D. 青石关

5. 兰州五泉山因山上有五眼泉而得名,"天下太平,则天降甘露"之意得名的是( )。

A. 惠泉   B. 掬月泉   C. 蒙泉   D. 甘露泉

6. ( )是中国地理版图的几何中心,被誉为"陆都心脏"。

A. 酒泉   B. 兰州   C. 金昌   D. 张掖

7. 兰州白塔山公园位于兰州市黄河北岸,山顶白塔寺始建于( )。

A. 清代   B. 元代   C. 唐代   D. 西夏

8. 兰州黄河母亲雕塑是黄河雕塑品中最漂亮的一尊,由著名甘肃雕塑家( )创作。

A. 吴伟山   B. 龙翔   C. 何鄂   D. 潘贺

9. 兴隆山是甘肃省中部干旱地区现存的森林茂密的石质山地之一,该地区最重要的植物景观是( )。

A. 针叶林   B. 云杉林   C. 落叶阔叶林   D. 灌木林

10. 兰州牛肉拉面的特点"一清二白三红四绿五黄"中的"一清"指的是( )。

A. 汤汁   B. 牛肉   C. 面条   D. 调料

(2)一章一练(导游讲解,撰写导游词并进行讲解,每篇时间5分钟内,主题:百里黄河风情线、兴隆山)

一章一测参考答案:1.C   2.B   3.D   4.C   5.D   6.B   7.B   8.C   9.A   10.A

（3）综合评价

景点名称				姓名	
理论测试（50分）	导游词撰写（20分）		导游词讲解（30分）		
	结构完整（10分）	文字优美，字数在800～900字（10分）	声音响亮，音色优美（10分）	仪态大方得体，语速适当（10分）	讲解熟练，时间在4～5分钟（10分）
总得分（满分100分）					
需要改进的方面					

第 2 章

"丝绸之路"大漠风情游（西线）

● **知识目标：**

掌握"丝绸之路"西线城市包括武威、金昌、张掖、酒泉（肃州）、嘉峪关、敦煌等地的文化、历史、自然和人文旅游资源。

● **能力（技能）目标：**

学生储备一定的"丝绸之路"西线的文化、历史、自然、人文旅游相关知识，能熟练介绍"丝绸之路"西线的历史沿革、风土人情、著名景点、民俗风情等，升华讲解内容，完善导游专业知识体系。

● **素质目标：**

通过学习和掌握河西走廊丰富的旅游资源知识，深刻感受丝路文化、长城文化、敦煌文化等的豪迈与壮丽，为航天精神、石油精神、长征精神所打动，增强使命担当，增强文化自信，传承红色基因，弘扬革命精神。

● **拓展学习：**

扫码学习本章拓展阅读知识，观看特色视频微课。

2.1　天马行空　自在武威——武威

2.1.1　武威概况

武威，曾是古代中国西部地区的政治中心和军事重镇，更是"丝绸之路"上中西文化交流的重要驿站。拥有沙漠、戈壁、雪山、冰川、草原、河流、湖泊的武威，存在于此的理由在于它冲破了一个个相对孤立、封闭的地理单元，形成了独特的文化内涵和地缘奇观。宗教与僧侣、石窟与艺术、语言与文字、民族与融合、葡萄与美酒、征人与商旅，隋唐时期，凉州七里十万家的盛景也验证了武威作为河西都会曾经的繁华。

武威，简称"雍凉""凉""雍"，古称凉州，地处黄土高原、青藏高原和蒙新高原三大高原交汇地带，东接兰州、南靠西宁、北临银川和内蒙古、西通新疆，处于亚欧大陆桥的咽喉位置和西陇海兰新线经济带的中心地段。地势呈西高东低，局部地形复杂，属温带大陆性干旱气候，其特点是四季分明，冬寒夏暑。辖1个区、2个县、1个自治县，总面积33238平方公里。

武威历史悠久，汉武帝派骠骑将军霍去病远征河西，击败匈奴，为彰其"武功军威"命名此地"武威"。自汉武帝开辟河西四郡，历代王朝都曾在这里设郡置府。

如今的武威，人文荟萃，文化灿烂，名胜古迹星罗棋布，稀世珍宝灿若星辰。武威雷台因出土稀世珍宝——中国旅游标志"马踏飞燕"而举世闻名，这里也成为河西走廊汉文化的展示中心和核心地标。文庙因规模宏大被誉为"陇右学宫之冠"，馆藏的近4万件文物和富有特色的古建筑展示了武威深厚的文化底蕴。罗什寺为纪念我国四大佛经翻译家之一的鸠摩罗什在武威弘扬佛法的功绩而修建，其内的罗什塔藏有鸠摩罗什不烂之舌的舌舍利。在西夏博物馆，我们通过丰富的馆藏文物揭开了西夏历史的神秘面纱，而向南眺望，白塔寺是西藏宗教领袖萨迦班智达和门源代表阔端举行凉州会谈的地方。天梯山石窟距今已有1600多年历史，是我国早期石窟的优秀代表。有"河西梵宫之冠"美誉的海藏寺，是河西地区最完整的古刹圣地。而有大云小中盛景的大云寺曾经也是玄奘法师的弘法驻息之地。北走民勤，红崖山水库、石羊河国家湿地公园，仿佛在诉说着人与沙漠的抗争。当夕阳勾勒出瑞安堡绝美的轮廓，阳光映射出这座城堡式住宅的间架结构。沙漠的土质、光照和环境又为武威赢得了"中国葡萄酒故乡"的美名。早在2000多年前，张骞出使西域引入葡萄种苗，武威便开始了葡萄酒酿造的历史。现在的武威已逐步培育出"莫高""威龙"等一批驰名商标，正在建设莫高中国葡萄酒城，培育葡萄酒品鉴、葡萄酒文化体验、葡萄采摘等为主的葡萄酒特色文化旅游。

东望古浪，走进古浪战役纪念馆，当时间漫步到近代，革命战争的烟火随着时间的远去而融入远方的苍穹，但一幕幕为民族自由而战斗的壮烈画面却永远在这里定格。

天祝藏族自治县是中国少数民族自治第一县，是白牦牛的唯一产地。天祝三峡国家森林公园被称为"天然氧吧"。而马牙雪山更被当地藏族人民称为"神山""圣山"。比拉卜楞寺早800多年建成的天堂寺有堪称"世界之最"的镀金宗喀巴大师木雕坐像，而凉州宝卷、凉州三弦、海藏庙会等民俗文化又积淀着这座城市的情感与浪漫，造就着这块热土的风骨与文化。

三套车、面皮子、凉面、凉州砂锅等地方风味饮食，以其质朴与纯粹，表达着武威人豁达、包容的心态和休闲自在的生活。

时光荏苒，当我们从现实步入历史，一种自豪油然而生；当我们从历史迈向未来，武威正凭借着汉唐雄风创造着属于这个时代新的骄傲。随着国家"一带一路"倡议的实施，武威又重回到了向西开放的前沿。

触摸历史，感悟武威，是一首交织的音乐，是文化行走的天堂，更是生态变迁的缩影。在这里，这些难得的体会和体验，全部容纳在一个时空的闪回中；在这里，你可以得到生命旅程中最为灿烂而美好的回忆。

2.1.2　雷台汉墓与铜奔马

在很多旅游城市中，都可以见到"马踏飞燕"的雕塑形象，这是中国优秀旅游城市的标志。这个著名的铜奔马形象，来自甘肃省武威市雷台汉墓的出土文物。雷台，因供奉道教神仙、雷部正神闻仲而得名。据传说，姜子牙封神伐纣，把闻太师封为雷部正神，统领风雨雷电等各路神仙。

雷台，长 106 米，宽 60 米，俗称"灵均台"。据说为前凉国皇帝张茂所筑，到了明代，在此台上建筑了道教的雷祖观，因此被称为雷台。雷祖观在清初毁于战火，一度重修，再次彻底毁于 1927 年的武威大地震，现存建筑为 1933 年重修，内有三星殿、雷祖殿、北斗七星殿等古建筑，规模庞大，气势壮观。

沿台阶而上，进里面参观，雷台之下就是汉墓了。这座汉墓由前、中、后三室构成。墓的进深为 40 米，通往墓室的道路两旁画有树状的灯台，一为三阶十二灯，一为三阶十三灯，非常奇特。前室的两边有耳室，大家所知道的铜奔马和铜奔马仪仗当时就摆放于前室，有的俑身背面写有"张奴氏""张婢氏"的字样。根据铭文，此墓应为张掖地方官张君及其妻子的合葬墓。根据史书记载，张君推测为当时的张秀将军，他当时是张掖、武威的地方官，是一员勇猛的武将，擅长射箭，无人能及。曹操的儿子率领军队与之作战，张秀射杀了曹子，曹操听到这个消息非常伤心，但他又是一位广纳人才的英雄，他使用各种手段使张秀降伏，还把自己的女儿嫁给他。但张秀与曹操的儿子关系并不好，曹操的儿子继位后经常故意刁难张秀，没过多久张秀就抑郁而死。去世后张彦的葬礼依照皇亲国戚的标准，随葬品非常多，除铜奔马外，还有金银铜铁、骨器、漆器、陶器等合计 231 件，艺术价值很高，雷台汉墓也难怪被称为"地下博物馆"了。

中室的右边有耳室，发掘的时候，中室的东壁上有盗墓洞穴，这个墓室全部用干砖垒砌而成，砖缝之中使用糯米汁黏合。这些砖头十分坚硬，可以承受 300 公斤左右的重量。前、中、后室的天花板为梯形，最中间镶嵌一块方砖，门为拱形门。这个墓巧妙地利用了力学原理垒砌而成，东壁上的盗墓洞穴则是整个墓葬受力最薄弱的地方，稍有偏差整个墓就会塌陷。

后室的中间有停放棺椁的痕迹，当时大约有三万枚古钱币散落于地。在出土的文物中最突出的是铸造精致的 99 件铜奔马仪仗俑，在车马出行队伍前面有一匹开路的铜马就是后来艺术价值最高的，也就大家所知的铜奔马，又称"马超龙雀"或"马踏飞燕"，呈发绿古铜色，高 34.5 厘米、长 45 厘米、重 7.15 公斤，昂头嘶鸣、三足踏空，右后蹄踏着一只飞鸟，飞鸟散开的羽毛和向上飞舞的马尾，显示出了马匹超过飞鸟急速奔驰的样子，其艺术造型优美，设计非常精妙。

1983 年 10 月，"马踏飞燕"被原国家旅游局确定为中国旅游标志，现已被收藏于北京博物馆。

大家可能会有疑问，为什么这种国宝级文物会在武威出土呢？其实是有一定历史渊源的。马在古代是重要的战略资源。汉武帝是我国古代很有开拓精神的一位君王，为了开拓疆土，他曾派李广利将军远征西域。据传，李将军在一次偶然的机会中从大宛国夺得了优良的大宛马，于是献给汉武帝，汉武帝非常喜爱，赐该马名为"天马"，而武威也因为"凉州（古称）畜牧甲天下"的良好条件成为天马的繁殖基地，以至于后来有了"凉州大马，横行天下"的说法。

2.1.3　武威文庙与西夏碑

　　武威文庙也叫圣庙、孔庙,位于武威市区东南隅。据"凉州卫修文庙暨儒学记"碑载:始建于明正统二至四年(1437—1439年),后经明成化、清顺治、清康熙、清乾隆、清道光及民国年间的重修扩建,遂成一组布局完善的建筑群,迄今已有五百余年,历经扩建,规模庞大,号称"陇右学宫之冠"。

　　文庙坐北朝南,原由东、中、西三组建筑物构成。东为文昌宫,中为文庙,西属凉州府儒学院,现存建筑中圣庙和文昌宫保存完好。占地平面呈长方形,南北长198米,东西宽152米,占地面积30096平方米,是历代文人墨客祭祀孔子之地。整个建筑布局对称,结构严谨,是一组造型雄伟的宫阙式建筑群,是目前西北地区建筑规模最大、保存最完整的孔庙,属全国三大孔庙之一。

　　东边的文昌宫以桂籍殿为中心,前有山门、戏楼,后有崇圣祠,中为二门戏楼,左右有牛公祠、刘公祠。文庙西以大成殿为主,前有泮池、状元桥,后有尊经阁,中有棂星门、戟门,左右有名宦祠和乡贤祠。

　　文庙原设有正门,面南而开,但最南端被一堵庄重稳健的影壁所隔,名为"万仞宫墙",由于数百年来凉州一直未出状元,所以开正门之事也就搁置至今。影壁两侧各开小门,朝东的叫"义路",往西的称"礼门"。由"义路"进入庙院,影壁北面是半月形的泮池。池上架一座石料拱桥,名"状元桥"。棂星门是明正统时建造的一座木质牌桥,四柱三间,翘檐飞角。穿过棂星门,就可看到戟门,戟门两侧是乡贤祠和名宦祠,为供养地方贤达和清官牌位的地方。

　　戟门是大成殿近前的一道门,大成殿建在宽阔的石筑台基上,雄伟而庄严,保留着明清建筑风格,大有至圣至尊的气派。大成殿是文庙的主殿,三宽三间,进深三间,重檐歇山顶,顶置九脊,鸱吻、螭兽俱全,脊皆以缠枝莲纹砖砌筑。周围绕以回廊、高台基,大有庄重、肃穆、文雅之风韵。殿内迎门原供着孔子的画像,旁立着孔子七十二弟子的牌位。

　　大成殿之后的尊经阁,是两层土木结构楼,重檐歇山顶,坐落在高达2米的砖包台基上,是武威现存最高大的古代重楼建筑。阁周围绕以回廊木栅栏。顶部三重翘角上均悬有风铃,清风徐来,铃声叮当,为沉寂的庙宇增添了些许生气。大成殿东侧的桂籍殿是供奉文昌帝君的。建筑自成一组,为文昌宫。内有过殿,左右设耳房供道士居住。过殿之后,魁星阁与桂籍殿遥相呼应。

　　武威文庙的碑廊中曾收藏一座珍贵的"西夏碑",即"重修护国寺感应塔碑",为西夏第四个国王所立。碑高2.5米,宽0.9米,厚0.3米,两面撰文。其中正面以西夏文篆书题额,意思是"敕造感应塔之碑文",正文为西夏文楷书28行,每行65字;背面是汉文小篆题额"凉州重修护国寺感应塔碑铭",正文有汉文楷书 26 行,每行 70 字。由于西夏文字在夏亡国后,已逐渐湮没,西夏文石刻传世的极其罕见,此乃保存最完整的西夏碑文,在研究西夏语言文字方面具有极为重要的参考价值,所谓"汉夏合璧",被称为"汉夏对照词典"。现已移至附近新建的西夏博物馆。

武威文庙内古柏参天,古朴静雅,具有我国古建筑庄严雄伟的特点,雕梁画栋,檐牙高啄,碑匾林立,品位之高,为世罕见,被列为"全国重点文物保护单位",甘肃省爱国主义教育基地。

2.1.4 天梯山石窟

修建于东晋十六国时期的天梯山石窟，也称大佛寺，位于甘肃省武威市城南约 50 公里的天梯山上，距今约有 1600 年历史。天梯山山峰巍峨，陡峭峻拔，高入云霄，山有石阶，拾级而上，道路崎岖，形如悬梯，故称天梯山。山巅常年积雪，俗称"天梯积雪"，为凉州八景之一。石窟中大佛依山而坐，脚下碧波荡漾，薄云缠绕其身，构成了一幅山、水、佛、云浑然一体的壮观奇景，是凉州颇负盛名的旅游胜地。

天梯山石窟是我国开凿最早的石窟之一，也是我国早期石窟艺术的代表，是云冈石窟、龙门石窟的源头，在我国佛教史上具有重要地位，在学术界有着"石窟鼻祖"之称。

天梯山石窟在北魏、隋、唐、西夏期间均有扩建，至明清时期已成为喇嘛教寺院。据明朝正统十三年（1448 年）《重修凉州广善寺铭》记载：明朝正统十年天梯山石窟尚存 26 处。由于天梯山石窟地质结构松软，在历次地震中有不同程度的损坏。

现在天梯山石窟仅存 3 层，大小洞窟 17 处。最大的洞窟残高 30 米，宽 19 米，深 6 米。窟内有释迦牟尼造像 1 尊，高 15 米，宽 10 米，大佛左右两旁有文殊、普贤菩萨，广目、多闻天王和迦叶、阿难等 6 尊造像，造型生动，神态威严，形象各异。窟内南北两壁上绘有大幅壁画。南壁为云纹青龙，中部为大象、梅花鹿，大象背部驮有熠熠发光的经卷，下部是猛虎和树木花卉。北壁上部绘有青龙；中部绘有白马、墨虎、菩提树，马背上经卷闪闪发光；下部绘有牡丹花卉。整个壁画笔触清新，色泽艳丽，气势磅礴，形象逼真。大佛巍然端坐，左手平放在膝盖，略出膝部；右臂前伸，手掌外撑。

天梯山石窟是我国早期石窟的代表，不但为佛教的传播培养了人才，而且为石窟的开凿积累了经验，形成我国佛教艺术史上有名的"凉州模式"。

被称作"鼻祖"的天梯山石窟比受其影响的云冈石窟、龙门石窟和敦煌石窟，不仅鲜为人知，而且游客稀少，主要原因是在 1958 年，武威市决定在天梯山石窟不远处兴修黄羊河水库，而天梯山窟址恰好地处水库淹没区，为了不让石窟中的塑像和壁画被水淹没，天梯山石窟中大量的塑像和壁画被拆了下来，搬运到甘肃省博物馆。所以今天的天梯山石窟，实际上只是一个被水泥围堰保护的大佛窟。

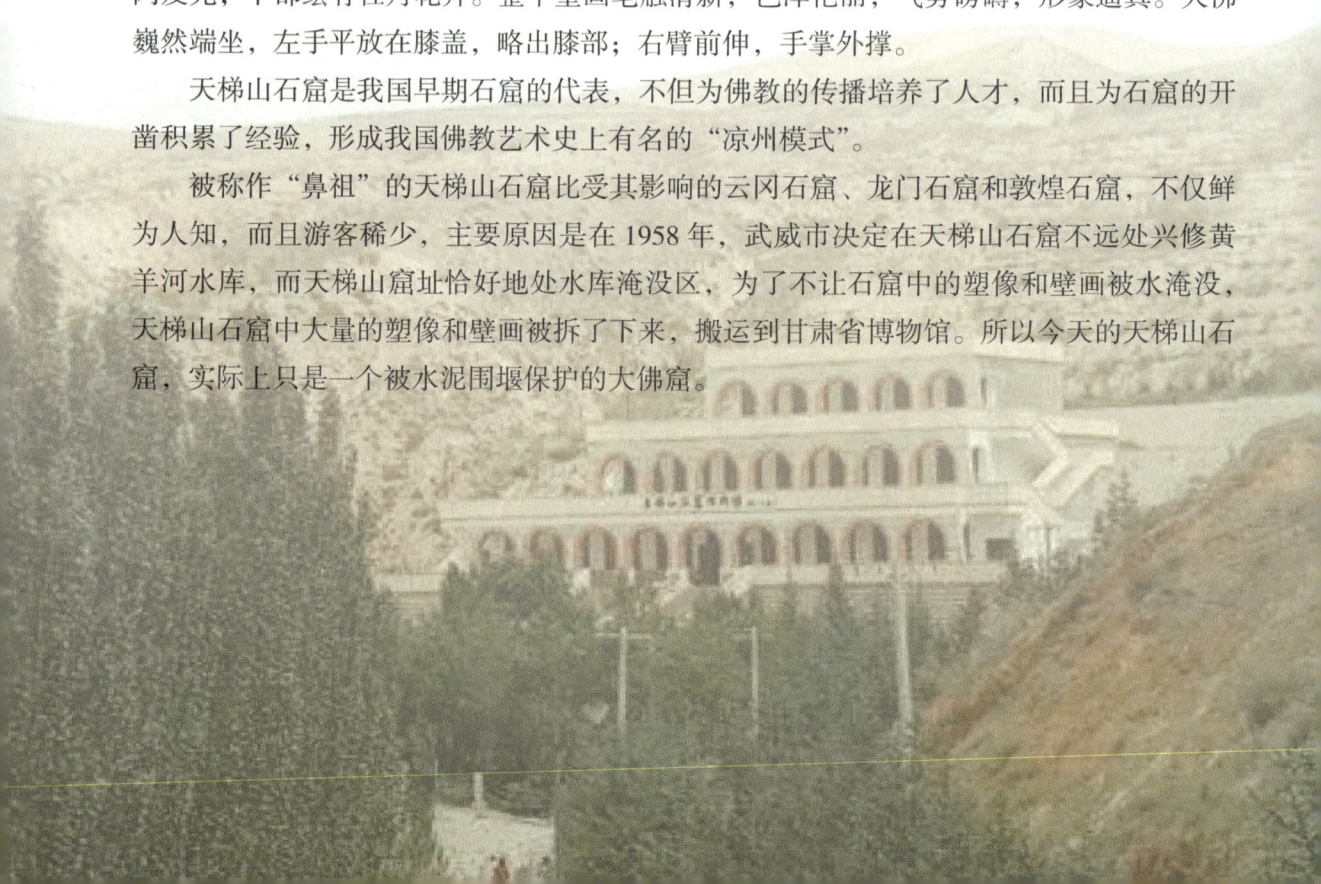

2.1.5　武威白塔寺

　　白塔寺，位于甘肃省武威市东南 20 公里的凉州区武南镇白塔村。它是西藏归属中国版图的历史见证，河西走廊重要的藏传佛教寺院遗迹。公元 1247 年，蒙古汗国窝阔台之子阔端与西藏藏传佛教萨迦派宗教领袖萨迦班智达·贡嘎坚赞（简称萨班）在凉州白塔寺举行了具有历史意义的"凉州会谈"。

　　这里是缅怀萨班大师，感受藏传佛教文化的理想之地。萨班不仅是一位虔诚的佛教弟子，而且是一位著名的哲学家、文学家和政治家。他的《萨迦格言》，真实反映了他的胸怀大志，正因为如此，也使他当年不顾年事已高（63 岁），于公元 1244 年，从西藏出发，跋山涉水，不畏艰险，历经三载到达凉州，于 1247 年同蒙古阔端王就西藏归属中原事宜在白塔寺达成了著名的"凉州会谈"。从此西藏正式归属中国版图。公元 1251 年，萨班在白塔寺圆寂，阔端王为其修建了灵骨舍利大塔一座。白塔寺元末毁于兵燹，明清时期曾数次维修，1927 年又毁于大地震，唯萨班灵骨舍利塔塔基尚存。

　　据《武威县志》记载：白塔寺"内有大塔一座，外环小塔九十九"。后人按历史原貌修复一百座藏式佛塔，呈扇形分布，高低错落，造型各异，居中为仿元代藏传佛教噶当觉顿式大塔一座，总高 35.28 米，气势雄伟。远远望去整个塔林巍巍壮观，苍松翠柏、绿树盈盈、鸟语花香，置身于塔林，仿佛进入了佛的天国，忘却了身心的疲惫和烦恼，蓝天、绿地、白塔簇拥，尽情沐浴在这片神秘的菩提塔下。

　　2010 年，白塔寺管理处继续完善景区基础设施，完成了"凉州会谈"纪念馆提升改造，萨班铜立像建成，新建了景区大门。同时，管理处着重做好景区整体保护规划，逐步完成白塔古镇、白塔寺遗址保护区、学术研究区及宗教区的建设和开发，使白塔寺成为集文物保护、开发、利用、研究、展示为一体的国家遗址考古公园。

　　2015 年 6 月，经甘肃省旅游景区质量等级评定委员会组织现场检查和专家评审，武威市凉州白塔寺景区达到国家 AAAA 级旅游景区标准的要求，批准成为国家 AAAA 级旅游景区。

2.1.6 舌尖上的武威

提到武威，大家就会想到它声名远扬的一碑、一寺、一窟、一塔、一马、一庙、一堡，这些是武威最具代表性的地标性建筑。其实在武威，吃也能反映出地道的民俗风情，"吃在武威"，也成风景。

最有名气的要数高担面皮了，之所以称"高担面皮"，是因为做此营生的工具很有特色，是一副像笼屉又像食盒的家什儿，经漆漆过，将指头粗的枣木条子做成提梁。提梁高可及肩，一条两头翘的桑木扁担固定在上面，担子分好几层，一头是蒸好的面皮，另一头是刀、板、碗、筷、清水、板凳等，找个向阳干净的地方，担子一搁就开张了。担子提梁上固定几个铁丝筛子，装调料的海碗，正好可以放进铁篮圈内，扁担横架在提梁顶上，可以搭毛巾、挂钱袋。

切好一碗面皮，其色淡黄玉润，配以绿豆芽、黄瓜丝、红萝卜、韭菜叶儿等各色应季鲜蔬，再抹一匙芝麻酱，盛在瓷碟里，味道非常美妙。

说完高担面皮，我们来说说凉州的"三套车"，此车非彼车，凉州"三套车"由凉州行面、卤肉、冰糖红枣茯茶组成，在西北闻名遐迩，无论外地游客还是本地居民均爱食用。行面是将优质面粉加少许盐，拌水和成行面硬团，反复揉搓后切成条状发酵，拉扯成长宽均匀、薄厚适中的面条入锅煮熟，盛入碗中，加上预先配备好的由卤肉、木耳、蘑菇、黄花、蒜薹、香菜、土豆粉等制作的卤汤即成。卤肉由新鲜猪肉或猪肚加入传统腊汁及炖肉调料，经特殊烹调工艺制成，肉质香而不冲、肥而不腻。红枣茯茶是由冰糖、桂圆、核桃仁、红枣、枸杞、茯茶等加水熬制而成，味道香甜可口，色泽浓艳。凉州"三套车"经济实惠，爽滑适口，老少皆宜，也被称为"凉州快餐"。

再来说说武威人的早点之一——米汤油馓子，它是凉州的特色小吃，制作时先将黄米和少量扁豆入砂锅用旺火熬煮成稀粥，再将少许面粉打成糊状兑入。食前炝清油、撒入葱花、花椒翻炒即成。特点是味咸色黄，入口绵细香甜。进食时将炸好的油馓子掰成小段，泡入扁豆米汤中，是经济实惠、大众化的风味食品。

很多武威人记忆里有一种味道，那就是油饼卷糕，顾名思义，它是由两部分组成的。一部分是油饼，另一部分便是"糕"。做这样的油饼卷糕，最关键的要数"糕"了。"糕"用糯米、大米、红糖、红枣、葡萄干、蕨麻等多种食料制作而成，工序虽然烦琐复杂，但口味十分诱人。香味十足的"糕"用色泽金黄、口感柔软的油饼包裹起来，就做成这独特的油饼卷糕。这样的油饼卷糕金黄清亮、油而不腻、香甜酥软，色香味俱佳。在武威人的心里，端午节就是吃油饼卷糕，这是武威的"粽子"，端午节的味道，就是油饼卷糕的味道。

说到凉粉，要数凉州的最正宗，凉州因气候凉爽而得名，但凉上加凉，更是一绝。盛夏时节，吃一碗凉州凉粉，真是凉飕飕、酸溜溜、辣酥酥，别具风味。一般常见的有豌豆制成的白凉粉、用荞麦制成的黑凉粉和用扁豆制成的黄凉粉以及沙米制成的沙米凉粉，尤以白凉粉最讨人喜爱。它晶莹透明，手托一寸厚的块子，隔粉能看见指纹。

最后我们来说说武威拨鱼，其古拙、简朴，无以复加。制作时舀一碗面粉，倒进凉水，搅拌成软溜溜的一团，用一根竹筷顺碗沿一蹭、一旋，就拨出一条"鱼"，反复多次，水沸"鱼"乱游，可以捞出配以菜、卤吃，也可连汤吃，做一顿饭只需用一副碗筷，一口锅，凉州人把这种吃法称为"光棍饭"。

武威是面食的天堂。得天独厚的自然条件，原生态的生长环境，淳朴的民风，回、藏、汉各民族的广阔交流，带来了武威特有的面食风味。由于武威人普遍保守不善经营，而地理条件的限制又使到过武威的外地人甚少，所以其优质的风味面食长期以来养在深闺人未识。当你跑遍其他地方才发现，武威的面食真正无与伦比。

现在就让我们品着美食，听着三弦，走进凉州吧！

2.2 中国镍都——金昌

2.2.1 金昌概况

在金昌市人民文化广场，矗立着一尊雕像，叫"金娃娃"，它总高 19.81 米，寓意金昌市 1981 年建市。

金昌市地处河西走廊东段，四周山原丘漠合围，扼河西走廊"峰腰"，南望祁连雄峰，北临内蒙古，南接青海，1981 年经国务院批准成立的省辖地级市，是一座新型的现代化工业城市。

金昌属典型的温带大陆性气候，地势西南高，东北低，其间山地、平原、戈壁绿洲、洪荒大漠由南向北依次展开。

金昌市原属武威地区永昌县，是典型的资源型工矿城市，1958 年在白家咀子发现仅次于加拿大萨德伯里的世界第二大硫化铜镍多金属矿后，迅速崛起为西部重要的工业城市。这里地域广阔，矿产丰富，已探明的各类矿藏有 50 多种，其中有色金属资源得天独厚，特别是镍的储量名列世界第二，亚洲第一；钴的储量位居全国第二，是我国最大的镍钴生产基地、铂族贵金属提炼中心和全国资源综合利用三大基地之一，也是西北地区重要的化工基地，镍钴和铂族贵金属产量占全国总量的 90% 以上，被誉为"祖国的镍都"。

金昌市"缘矿建企，因企建市"，三十多年来一直被误解为"文化沙漠"，但实际上历史文化遗产资源丰富，已发现的文物点有 203 处，省级以上有 13 处。

金昌地区早在距今约 4500 年就有先民在金川河流域繁衍生息，创造了灿烂辉煌的金川河史前文明。金川河发源于祁连山永昌段的古金山之阳，是金昌市的生命河、母亲河。以唐代圣容寺塔为代表的汉唐文化遗存，在金昌市星罗棋布。丝路古刹圣容寺位于永昌县城北 10 公里处的一个御山峡西段。

2.2.2　神秘的骊靬古城

骊靬古城，一个充满历史韵味的名字，在中国古代历史上有着举足轻重的位置。

在骊靬古城的西北方向，就是著名的永昌县骊靬遗址。骊靬因英国牛津大学汉学教授德效骞对汉朝和古罗马的关系历史提出的假说——古罗马第一军团失踪之谜而被人熟知。骊靬遗址到底和古罗马人有着怎样的联系？

传说公元前 53 年，古罗马帝国执政官克拉苏率 7 个军团越过幼发拉底河，发动了对古帕提亚王国（安息）的侵略战争。在激烈的卡尔莱战役后，安息军兵诱敌围歼罗马军团于荒漠深处，克拉苏被俘斩首。克拉苏长子普布利乌斯率精锐的第一军团 6000 余人突围东逃。33 年后，罗马帝国和安息签约言和，并相互遣返战俘。当罗马帝国要求遣返在卡尔莱战争中被俘的官兵时，安息国当局否认其事。古罗马人惊奇地发现，当年突围的古罗马第一军团 6000 余人神秘地失踪了，遂成古罗马历史上的一大悬案。历史学家研究认为，普布利乌斯率领的古罗马第一军团 6000 余人，最后流亡到西域康居国（今哈萨克斯坦境内），为在此称雄的北匈奴郅支单于所收容。据《汉书·陈汤传》记载：公元前 36 年，汉西域都护甘延寿、付校尉陈汤，率 4 万将士西征匈奴郅支单于于郅支城，并"生虏百四十五，降虏千余人"。陈汤在战争中发现一支奇特的军队，以步兵百余人组成夹门鱼鳞阵、盾牌方阵，土城外设有重木城。这一战法只有古罗马军队采用。史学家认为，这支军队当属卡尔莱战役中溃退并失踪 17 年的罗马残军无疑。陈汤将其俘获，并带至甘肃永昌县境内，汉政府在祁连山麓始置"骊靬县"以安置战俘。几乎在罗马帝国向安息要求遣返战俘的同时，西汉的版图上出现了一个定名为"骊靬"的县城，从《汉书》到《隋书》都对此有准确无误的记载。

今天，在甘肃永昌县的者来寨，依然看得到明显不同于东方人种的村民。在永昌县南城头 312 国道旁高高的基座上，耸立着三尊古罗马人的花岗石塑像，二男一妇，中间的长者，高鼻梁、卷头发，身着长袍古装。左右的一女一男身材壮实，深凹的眼窝和卷曲的头发，一眼就能看出这是来自西域的"贵客"。他们目光深情地眺望着远方，也许远方的山峰才是他们的家乡。塑像前面的一方黑色花岗石上刻有四个大字"骊靬怀古"，塑像背后的台基上有一块黑色花岗石碑文，记录着古罗马人遭围歼突围后来到了永昌县者来寨的这段历史。

骊靬文化作为古代中西方文化交流的最早见证之一，充分显示了大汉文化的博大厚重和华夏民族海纳百川的伟大胸怀。骊靬古城、骊靬影视城、骊靬大道、骊靬古城遗址的修建保护，将成为国内唯一的以中西传统文化融合为背景，以古罗马文化中国化为主题的国际化品牌景区，成为传递和平理念、交融中西文化的和平之城。

2.3 张国臂掖 以通西域——张掖

2.3.1 张掖概况

当我们把目光投向辽阔的西北高原，我们会被一块色彩斑斓的神奇土地深深吸引，圣洁的雪山、葱绿的草原、赤红的丹霞、金黄的油菜花、湛蓝的湖水、氤氲的湿地，奇迹般地交织在一起，组成了一幅撼人心魄的动人画卷，这就是张掖。

张掖位于甘肃省西北部，河西走廊中段，古称甘州，西汉时以"张国臂掖，以通西域"而得名。素有"桑麻之地、鱼米之乡"的美称。全市辖甘州区、临泽县、高台县、山丹县、民乐县、肃南裕固族自治县一区五县，总面积3.86万平方公里，总人口约112万。有汉、回、藏、蒙、裕固等38个民族，其中裕固族为全国唯一、甘肃独有的少数民族。张掖是"丝绸之路"重镇，新亚欧大陆桥的要道，也是全国历史文化名城和中国优秀旅游城市。全国第二大内陆河——黑河贯穿全境，张掖是甘肃省商品粮基地，自古有"金张掖"之美誉。

张掖历史悠久，文化灿烂，山川秀丽，民风淳朴。据史料佐证，早在4000多年前就有人群在黑河流域繁衍生息，大禹导弱水于和黎，隋炀帝西巡张掖会见27国使臣。意大利著名旅行家马可·波罗西游时被张掖灿烂的文化和优美的风光所吸引，旅居一年之久。自汉武帝设郡至汉末300年间，作为丝路要邑的张掖与西域各国商贸往来十分活跃。自唐以后这里作为佛经传入必经之路，佛教盛行。

历史文物古迹遍布全区，古代文化瑰宝散落各地，现有不可移动的文物点816处，其中国家重点文物保护单位7处，省级文物保护单位39处，各个时期的文物藏品23000多件。境内有离城市最近的湿地公园——张掖国家湿地公园；世界最大的室内木胎泥塑卧佛、稀世珍宝张掖金经；洞窟艺术之珍品肃南马蹄寺、金塔寺、文殊寺石窟群；中国最美的七彩丹霞；国内保存最完整的北凉古都——骆驼城古遗址；全国红色旅游经典景区——中国工农红军西路军纪念馆；世界最大的皇家马场——山丹马场。张掖优美的自然风光和独特的人文景观构成了独具西部特色的绚丽画卷，古人有诗曰："不望祁连山顶雪，错把张掖当江南。"张掖是中国西部地区高品位综合旅游富集区，是"丝绸之路"黄金旅游线重要旅游目的地。

2.3.2   张掖大佛寺

张掖大佛寺是全国仅存的四大皇家寺院之一，位于张掖市甘州区，有亚洲最大的室内木胎泥塑卧佛，是全国重点文物保护单位，国家 AAAA 级景区。

作为古丝绸之路上的重镇，张掖在佛教东渐的漫漫长路中发挥了极其重要的中转作用，留下了大量极为珍贵的佛教遗迹，大佛寺即为其中之一。大佛寺始建于西夏永安元年，最初名叫迦叶如来寺，因寺内供奉释迦牟尼涅槃像故又称卧佛寺，因"寺大、佛大、殿大"，老百姓又习惯称其为"大佛寺"。

据 16 世纪到过这里的波斯商人哈智莫合美德记述，当时"该寺有僧人四五千人"，由此可见早在 500 多年前，大佛寺气势恢宏，香火旺盛，已闻名中亚诸国。根据大佛寺卧佛体内出土的明代铜牌和甘州府志记载，该寺始建于西夏崇宗永安元年，也就是公元 1098 年。据记载，西夏国师嵬咩有次外出云游，正在一地静坐，忽闻有丝竹之声，循声寻去，却不见演奏者，疑为"天乐"，后在天乐响处掘得碧玉佛像一尊，于是便在此建寺，遂为大佛寺创建之始。后经明清两朝扩建，至今已有近千年的历史。今天，大佛殿正门还有楹联曰："创于西夏建于前明，上下数百年更喜有人修善果，视之若醒，呼之则寐，卧游三千世界方知此梦是真空。"1996 年，张掖大佛寺被国务院公布为全国重点文物保护单位。

在中国佛教界，张掖大佛寺有"三绝"名冠神州：国内唯一的西夏寺院建筑，亚洲第一大室内木胎泥塑卧佛和保存最完整的孤本般若金经。这是一座集建筑、雕塑、壁画、雕刻、经籍、书画及文物珍品为一体的佛教艺术博物馆，对于研究古代河西乃至整个西域的建筑艺术、民族风情、宗教文化、中西交流等都具有独特的史料价值和艺术价值。建都银川的西夏王朝，把土地肥沃、农牧业条件优良的张掖作为军需大本营，出于政治的需要，在张掖敕建了西夏皇家寺院——大佛寺，成为今天唯一一座保存完整的西夏寺院建筑。寺院中轴线上有牌楼、钟楼、前后山门、大佛殿、观音殿、天王殿、藏金殿、土塔九座建筑，充分体现了"九五之尊"的皇家寺院气派。大佛殿正殿是国内最大的古代佛教殿堂，造型结构与故宫太和殿极为相似，殿宇巍峨壮观，飞檐陡角，周围木构廊庑，古木森然。殿檐下额枋上有龙、虎、狮、象等木雕图案，风格古朴典雅，数百年之后依然清晰如初。大佛殿正门两边有两幅珍贵的砖雕，为清代早期的雕刻，它由 50 块小方砖合在一起，人物众多，雕刻精细，富丽堂皇。1957 年，时任文化部副部长的郑振铎到张掖视察工作期间，曾亲临大佛寺参观考察，他看到这个砖雕时惊叹不已，认为这是我国砖雕艺术之珍品。

在大佛寺的中轴线上坐落着弥陀千佛塔，俗称土塔。塔高 33.37 米，全塔由塔基、塔身、相轮三部分组成，造型别致，和北京的妙应寺白塔有相似之处。塔基端方，层层向上收小，上有华盖覆顶，垂挂流苏风铃，微风吹过，铃声叮当，如一缕缕梵音自天而降。13

世纪中期，意大利著名旅行家马可·波罗在张掖一年多的旅居生活中说到大佛寺，寺中规模宏大的法事场面和精妙绝伦的建筑艺术，使这位西方人无比惊讶，赞叹到了无以复加的地步。

正殿内安放着亚洲最大的室内卧佛，也就是佛祖释迦牟尼的涅槃像。卧佛安睡在大殿正中1.2米高的佛坛之上，佛身长34.5米，肩宽7.5米，耳朵约4米，脚长5.2米。大佛的一根手指上能平躺1个人，他的耳朵可以容8个人并排而坐。大佛侧身而卧，金装彩绘，面容慈祥、体态丰满。由于大佛是木胎泥塑的，所以大佛内部有很大的空间用来储存物品，1966年考古人员在大佛腹部发现了石碑、铜佛、铜镜、铜壶佛经等物品。1977年在大佛寺附属建筑金塔下出土了五枚波斯银币，这五枚银币成了中外交往的有力见证。大佛双眼微启，似睡似寐，这正映衬出了大佛寺山门的楹联：睡佛长睡，睡千年，长睡不醒；问者永问，问百世，永问难明。

大佛寺的历史和传奇，已经随着昔日的驼铃声渐渐远去，但它作为一笔历史遗产，留给我们的是中华民族的文化精华，是源远流长的佛教瑰宝。

2.3.3　张掖七彩丹霞

在张掖,有一处 21 世纪初才为世人所知的景区,具有非常重要的科学研究价值和极高的旅游观赏价值,它就是张掖七彩丹霞。2005 年该景区被《中国国家地理》杂志评为"中国最美的七大丹霞"之一;2009 年被《图说天下·国家地理》编委会评为"奇险灵秀美如画——中国最美的六处奇异地貌"之一;2011 年被《美国国家地理》杂志评为"世界十大神奇地理奇观之一",被中国丹霞地貌旅游开发研究会终身名誉会长、著名的地理学家、中山大学教授黄进誉为"张掖窗棂状宫殿式丹霞地貌中国第一""张掖彩色丘陵中国第一""张掖丹霞地貌是中国发育最好的地区之一"。

张掖丹霞地貌景观地处祁连山北麓,东距张掖 40 公里,北距临泽县城 20 公里,平均海拔 1820 米,面积 50 多平方公里,主要包括七彩丹霞区和丹霞奇观区两大景观区。

丹霞地貌作为古老的地质遗迹,它发育于侏罗纪至第三纪时期,是喜马拉雅山运动中发育形成的红色岩系随着地壳的抬升,山坡以崩塌过程为主而后退,保留下来的红色砂岩经长期的风化剥离和流水侵蚀形成了孤立的奇岩怪石,所以其突出特点为"色如渥丹,灿若明霞"。张掖丹霞地貌集广东丹霞山的悬崖峭壁和峰林石柱的奇、险、美于一体,还兼有新疆五彩城的色彩斑斓、绚丽多姿,是我国干旱地区最典型的丹霞地貌。

七彩丹霞旅游区 1 号观景台,以层理交错、岩壁陡峭、气势磅礴、造型奇特而称奇。在阳光的照射下,丹霞奇观远看似朝霞升腾,近看色彩斑斓,有红色、白色、黄色纹理,色带随着山势起伏呈波浪状,犹如艳丽的彩带随风蜿蜒飘动,让观者叹为观止。这些景观与周边的山峦、河流、田园、村庄、炊烟交相辉映,构成了一幅风景名画,满目山峦,是色彩的堆涌,是壮美的组合,像一幅幅壮丽的天然图画呈现于天地之间,四时不同,景色迥异;晨昏之间,造型奇特。数十公里的绵延群山,连同远处的雪峰,堪称天下绝景。

谁持彩燕当空劲舞,七彩丹霞艳冠华夏。关于七彩丹霞的形成过程,有许多美丽的传说。但实际上七彩丹霞的形成是自然界长期演化的过程。在漫长的地质年代中,祁连山的各类岩石经过长期风化和侵蚀,加之岩性不同和温度差异,在光线照射下,呈现不同的色泽,铁质岩呈红色,锰质岩呈黑色,泥质岩呈灰色,磷质岩成灰蓝色,火山岩呈橙黄色,砾质岩呈青色,使山体呈现出了不同的色彩。

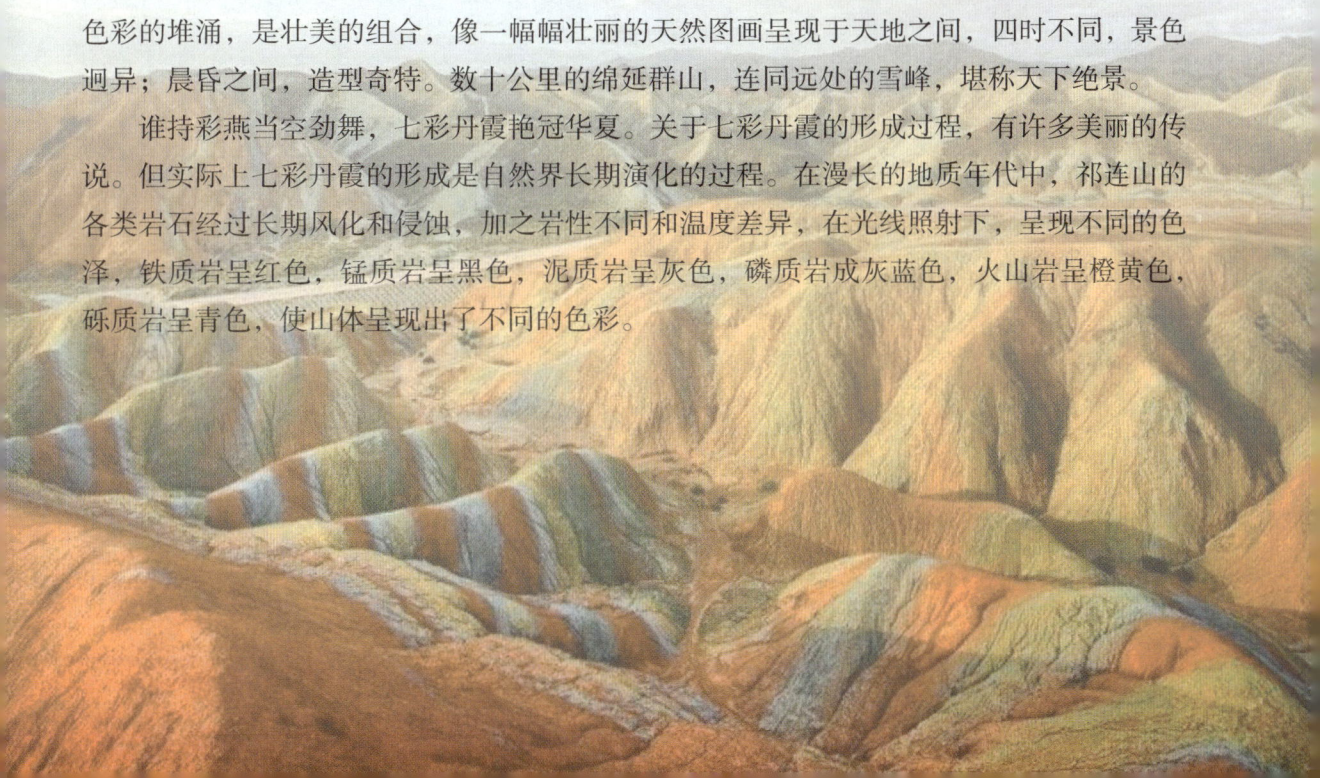

2.3.4　肃南马蹄寺石窟群

马蹄寺位于肃南裕固族自治县境内，北距张掖市 65 公里，是集石窟艺术、祁连山风光和裕固族风情于一体的 AAAA 级景区。石窟寺始建于北凉，由胜果寺、普光寺、千佛洞、金塔寺、上观音洞、中观音洞、下观音洞七处组成，共有 70 余处洞窟，迤逦近 30 公里，是一规模宏大的石窟群体。

马蹄寺因传说中天马在此落有马蹄印而得名。传说中的马蹄印迹现存于普光寺马蹄殿内，成为镇寺之宝。马蹄寺石窟的独特之处在于千佛洞有 500 多个摩崖佛塔窟龛，规模庞大；金塔寺中的大型高肉雕飞天古朴稚雅，为国内仅有；普光寺的三十三天洞，上下五层二十一窟，宝塔形排列，内有佛殿，外有回廊，共开内外窟龛达 49 孔之多，造型奇特。马蹄寺周围环境秀丽，山青、水秀、峰奇、洞异，堪称四绝。

这些石窟中最早的建于东晋十六国时期的北凉，距今已有 1600 年，是敦煌人郭瑀及其弟子所凿，先为郭瑀的隐居讲学处，后人增塑佛像，鼎盛时期曾有僧众三百多人。然而令人痛惜的是，由于当时的北方军阀割据，混乱一片，加之历代王朝更替，战火绵延，马蹄寺原有的规模宏大的建筑群多被毁于战火之中，这其中就包括金塔寺、千佛洞、南北马蹄寺、观音洞以及众多石窟等。

马蹄寺最早为汉传佛教寺院，后来逐渐成为藏传佛教寺院，属于藏传佛教格鲁派青海东科尔寺的属寺，寺院自建寺以来，香火就极为旺盛，最盛时的僧众可达 1000 余人。而新中国成立初期僧众也尚有 50 余人，足可见历史上马蹄寺的辉煌。到了明朝永乐年间改名普光寺，寺内原存的金鞍、龙袍，系清代皇帝赐给的御物。马蹄寺石窟由于历史悠久，同敦煌的莫高窟、安西的榆林窟齐称为河西佛教圣地的三大艺术宝窟。

现在的马蹄寺所存的三十三天洞、马蹄印石窟、藏佛殿石窟、胜果寺、千佛洞石窟等，多为 20 世纪 80 年代之后重新修复，而寺中主要的建筑如大雄宝殿、站佛殿、观音殿、药师殿等多为明万历年间旧迹，实为不幸中之大幸。这些殿阁虽经历百年风雨侵袭，仍巍然屹立于百丈悬崖之上，给人以视觉与心灵的巨大震撼。而寺中收藏的晋代站佛、北魏时的文殊菩萨宝剑、清康熙帝的龙袍、乾隆帝的马鞍等众多文物，更令人感叹历史风雨沧桑和马蹄寺曾有的辉煌。

马蹄寺石窟群以其悠久的历史、灿烂的文化屹立于石窟艺术之林。那气势恢宏的"三十三天"，以五层二十一窟呈宝塔形开凿于悬崖峭壁，令人叹为观止；金塔寺那飘然欲仙的高肉雕泥塑飞天，在全国实属罕见；藏佛殿石窟规格之宏大，千佛洞石窟雕刻之精巧，虽非鬼斧神工，却也有魂牵梦萦之魅力。

2.3.5 高台烈士陵园

高台烈士陵园由中国工农红军西路军纪念馆、纪念亭、烈士公墓、纪念碑等纪念建筑物组成。

高台烈士陵园坐落于有"塞上水乡、北凉古都"之称的高台县城，始建于 1957 年，现占地面积 200 亩，园内安葬着红西路军转战河西、血战高台而壮烈牺牲的 3000 多名红西路军革命烈士，是全国重点烈士纪念建筑物保护单位，先后被命名为全国百家爱国主义教育示范基地、全国百家红色旅游经典景区、全国青少年教育基地，其中国工农红军西路军纪念馆，是目前全国反映中国红西路军历史最全面、最具权威性的纪念馆。

2008 年，纪念馆进行了改扩建，扩建后的高台烈士陵园更名为中国工农红军西路军纪念馆，占地 8.8 万平方米，建筑主要突出庄严肃穆、凝重简洁、大气磅礴的特点，着重体现出红西路军血战河西、血战高台的悲壮征程。其整体布局呈"7"字形，依中轴线由西向东依次递进排列，建有通透式大门及大门组雕、"血战高台"英雄群雕、红西路军纪念碑、红西路军阵亡烈士公墓、红西路军纪念馆。

前园南北建有对称的三檐双层五角亭各一座。纪念碑南北两侧分别建有董振堂、杨克明纪念亭。西南角建有 1.6 万平方米的生态园，北面两亭间建有红西路军战史陈列馆。馆内珍藏文物 3000 多件。纪念馆采用传统的文物、图片、照片展示和多媒体景观箱、光电模拟场景、壁画、雕塑、投影等现代陈展方式，有效提高了纪念馆的影响力、震撼力和吸引力。现已成为集革命传统教育、爱国主义教育、廉政教育、青少年德育教育的一流教育基地。

"英雄不朽，浩气长存。"我们缅怀先烈，不单单是为了纪念，更重要的是要看到他们的独特气质，来滋养今人的精神世界，将这一精神代代相传。铭记历史，勿忘昨天的苦难辉煌，无愧今天的使命担当，不负明天的伟大梦想！

2.3.6　山丹军马场

在祁连山冷龙岭北麓，"丝绸之路"河西走廊中部，横跨甘肃、青海两省的山丹、民乐、永昌、肃南、祁连、门源六县，有一片占地 330 万亩的山丹大马营草原 (也称"汉阳大草滩")，这就是在苏联顿河马场解体后，占据了世界第一大位置的山丹军马场。

山丹军马场实际面积 2195 平方公里。这里地势开阔平坦，水草肥美丰茂，气候凉爽适宜，是发展畜牧业的天然草场，更是马匹繁衍、生长的理想之地。

这里自古就是养马的地方，公元前 121 年，西汉骠骑将军霍去病将其建为皇家军马场，他成为山丹军马场的第一任"场长"。好的骑兵队伍就需要有好的战马，霍去病的好马就主要来自祁连山下河西走廊的山丹马场。历朝历代，山丹马场都是皇家御用马场，漫长的历史岁月中，这里培育了无数良驹宝马供朝廷作为军马征用。

1949 年 9 月，解放军在这里建立了军马场，后一直由军队管理，成为我国乃至亚洲最大的军马繁育基地，每年都要输出大批的骏马支援国防建设。这里培养出来的"山丹马"，是我国少有的优良品种，曾向全国各地输送 10 万多匹。

山丹军马场风光秀美，素有"丝路绿宝石"之美称。连天碧草、旷野群马、草原骑牧、祁连松雪、大河清韵、烽燧峡谷、奇异地貌、古城遗址以及浓郁古朴的民俗风情等自然及人文景观，构成了山丹军马场独具特色的旅游资源。夕阳牧场，草色青黄；牛羊成群，雄鹰翱翔；波光映照，白云徜徉。迷人景色四季奔放，这哪里是故乡，分明是人间天堂。现已成为丝路旅游线一处不可缺少的重要站点。

因这里地势平坦，水草丰茂，气候凉爽，远离工业污染，空气清新，十分适宜天然牧草和农作物的生长。这里是全国最美的六大草原之一，也是牦牛、藏羊、马鹿和山丹马等优良畜种的养殖基地。独特的地理位置和特殊的冷凉气候，为原生态农牧产品提供了较好的自然条件，山丹军马场被誉为"天然高原营养库"。

山丹马场经济发展基础好，优势多，境内土地、煤矿、水力资源较为丰富，农牧工资源开发潜力大，且已形成了一定的规模。养马业长兴不衰，"山丹马"曾荣获国家科学进步一等奖，牛羊及特种动物养殖业逐步壮大，形成多元化特色优势。种植业逐步走向成熟，现已成为全国最大的油菜籽连片生产区、河西走廊大麦和青稞的主要产地。工业主导产品菜籽油、青稞酒、化肥、农机产品等在河西地区占有一定的市场份额。

如果你没在夏天去过山丹马场，就永远不会知道这个地方最美的季节是何等的震撼人心。也有人说，如果你没有看过秋天的山丹马场，就不会知道自然的造化能够创造出世界上最摄人心魄的美丽。大自然正用画笔勾勒浓墨重彩的色彩世界，远山近水，到处充满了秋色的诱惑，让人难以抗拒。

2.3.7 裕固族

裕固族是我国 22 个人口 10 万人以下的人口较少民族之一，主要聚居在甘肃省肃南裕固族自治县境内。裕固族是甘肃省特有的三个少数民族之一，肃南也是全国唯一的裕固族自治县。裕固族是我国历史悠久的民族，它和曾于公元 8 世纪在蒙古高原推翻突厥汗国而建立的回纥汗国的回纥，以及由漠北迁到河西走廊的回鹘有密切关系。现今的裕固族是以古代回鹘人的一支——黄头回鹘为主体，融合蒙、藏等民族而形成的。

裕固族使用三种语言：东部裕固语、西部裕固语和汉语。生活在自治县东部康乐乡、皇城镇北滩和东滩，以及红湾两村等地的裕固族人，使用属于阿尔泰语系蒙古语族的东部裕固语；生活在自治县西部大河乡、明花乡和皇城镇金字滩、西水滩、西城等地的裕固族人，使用属于阿尔泰语系突厥语族的西部裕固语；生活在自治县水关和前滩等地的裕固族人使用汉语，说不同语言的裕固族人之间也以汉语为共同的交流工具。

裕固族是一个古老的游牧民族，其居住形式受游牧生活方式的限制，常年居住在帐篷里，过着逐水草而居的生活。《明史·西域传二》载，明朝初年裕固族的先民"居无城郭，以毡帐为庐舍"。这种移动住室在《匈奴传》中称为"穹庐"；另据载，裕固族先民汗王曾居"牛皮牙帐"。据已故的巴特巴斯等老人们说，裕固族刚东迁到祁连山时还住的是毡房。后来，随着自然环境和牧放畜种的变化，加上周边民族的影响等原因渐渐改用牛毛帐篷了。可见，裕固族的帐篷有着悠久的历史，积淀着深厚的文化内涵。如今的裕固族人除个别地方的夏季牧场外，其他季节牧场一般都建有土木或砖木结构的住房。

草原上的裕固族人，不仅热情好客，而且也分外注重礼仪礼节。在长期的游牧生产生活中，裕固族人形成了一整套传统礼仪规范和处事规则，大家从小就开始耳濡目染、熏陶遵循，形成了长幼有序、以礼相待的社会传统。在接人待物、待客宴宾等方面都有自己完整的礼仪规范。舅舅在裕固族人的生活中具有非常尊崇的地位，俗语说"舅舅家的猫儿大似虎"，家中事情无论大小都要听舅舅的意见。裕固族人相见先要下马互致问候，还要互相谦让鼻烟，这同北方草原游牧人的习俗是完全一样的。家里来客，先要迎上牵马、拴马，然后恭请入帐让座，沏茶、让饭要双手捧上。酒是草原生活不可或缺的重要待客佳品。

裕固族服饰纷繁复杂、多姿多彩、独具特色，是裕固族人民的智慧创造。服饰具有两重民俗性格，一是保护身体，二是装饰。裕固族的服饰和其他兄弟民族一样，有其自身的古老传承，既有历史的继承性，又有不同时代的革新与创造。

裕固族男子腰带上一般佩挂腰刀、烟袋、钱袋子、小酒壶、鼻烟壶等物。鼻烟壶可用木材、铜、牛角、玉石、珊瑚、水晶、翡翠制作，至今在裕固族人手中珍藏的鼻烟壶以玛瑙、水晶、青玉、珊瑚质地为最佳。人们还把鼻烟壶装入彩绣精美的烟荷包内，挂在胸前衣扣上。上了年纪的老人喜好吸鼻烟来提神醒脑，现在吸鼻烟的人已经很少了。

　　勤劳淳朴的裕固族人世居草原，游牧天下，独特的自然环境和特定的生产生活方式形成了独具魅力且富有浓郁草原气息的饮食习俗。裕固族人的传统主食为面食，可加工制作为面片、煎饼、烧壳子、烤饼、馍馍、炒面、糌粑等面食，但现在大米等主食也越来越为裕固族人接受和喜爱。

2.3.8　舌尖上的张掖

张掖小吃源远流长，其品种之多，不胜枚举。因张掖盛产小麦，所以小吃以面食为主，其他次之。小吃名称五花八门，雅俗兼有。明清以来的传统特色小吃主要有臊子面、小饭、卤猪肉、油糕、凉粉、搓鱼、拉条子、酿皮子等，价廉物美，老少皆宜，驰名省内外。

臊子面是张掖最为普遍也是最受欢迎的早餐。臊子面讲究"薄、亮、精"，就是面要薄、色要亮，吃起来要筋道。汤以鸡汤为佳，牛、猪排骨汤亦可，加入胡椒粉和姜粉等调好味后，再加入适量水淀粉，使汤达到一定的色度和浓度，最后加入豆腐片。勾好芡的汤，外观晶亮透明，色香诱人。面煮好后装碗加入臊子汤即可食用。

早年张掖最有名的是赵子昌的臊子面，其特点是用双擀杖擀面，面条形同韭叶，薄似纸片，长如丝带，嚼起来有筋有骨，吃后满口余香，浇以葱花、香菜、豆腐丁、肉丁混合的臊子汤，香气四溢，令人食欲倍增，一直为人们所喜爱。近年来，张掖臊子面在保持传统特色的基础上，进一步完善和发展，使这一传统小吃重放异彩。

接下来说说牛肉小饭。为什么要叫小饭呢？因其面块小、肉片小、豆腐小、菜丁小，以小料做成而故名。小饭所用辅料为当地产红豆、粉皮和牛肉。红豆煮熟后下入面块，待面块熟透后将煮熟的肉块和粉皮一起烩入锅内，调好味后即可食用。

20 世纪四五十年代张掖李文忠的小饭以选料考究、加工精细、烹制独特、用料搭配适宜、料色分明、色香味美而远近闻名。改革开放后，张掖小饭再度成为小吃经营中的主要品种，并被经营者进一步发扬光大，受到人们的喜爱。

卤肉炒炮，也叫"炒炮仗子"或"炒炮"。"炒炮"只是取其形——把面搓成筷子粗的圆面条，然后揪寸段于开水中煮熟捞出，与蔬菜相拌炒熟，外加卤肉即可食用。因寸段面条形似鞭炮，故名"炮仗子"。

张掖还有一种特色大菜——香饭，又称西北大菜。它是用猪的心、肝、肺剁成碎末，加入适量面粉和盐、葱、蒜等调料，反复杵臼，均匀上劲，搓成直径为 4 厘米左右的圆柱状，用油炸熟，斜刀切段，名曰"卷干子"。另将膘肥大肉切成长约 10 厘米、宽约 6 厘米的极薄片，梯状码入碗内，以盖满碗内壁为度，名曰"紫盖子"。再将卷干子段放于碗内肉片之上，加入适量高汤置笼内蒸透，扣于另一大盘内，鸡蛋调汁浇于其上，即可食用。此菜色泽鲜美，清爽可口，"紫盖子"肥而不腻，"卷干子"香味独特，营养丰富，美容养颜，是张掖宴席上必备菜。

张掖油糕表皮酥脆，色泽金黄，松软适口，入口黏甜，色、香、味俱佳，从选料、配料、火候、制作等各个方面均独具特点。其做法是：将面粉撒入开水锅中，水边开边搅，制成烫面；然后双手蘸油，取适量烫面，以白砂糖加少量青红丝为馅，团制成直径约 7 厘米，略扁平的圆糕，入油锅炸熟即可食用。

夏天在张掖街巷中，别具风味的小吃比比皆是，闻名遐迩的鱼儿粉便是其中之一。鱼儿粉是用精细的蚕豆淀粉制作，形似小鱼，颜色有白有红，配上调料，小菜，活像一条条小鱼在碗里游动，吃起来清凉、润滑，既充饥又解渴，是一种地道的风味小吃。

粉皮面筋在张掖极为普遍，也独具特色。每年秋收后，农村家家户户要晾粉皮面筋，经和面揉团、清水淘洗、发酵蒸烤、切片晾干等工序制成。久贮不坏，食用方便，既可炒菜，也可烩汤，还可吃火锅。这粉皮面筋既是张掖名吃的主要原料，又是居家生活的常用餐料，可谓用途广泛，风味独特。

搓鱼为手工搓制、形似小鱼故名。因其为手工搓制，所以入口精滑，不坨不黏，可以汤食，也可以干吃。原料以荞麦面、青稞面、小麦面皆可，由食者自定。搓鱼在张掖较为普遍，是历来人们所喜爱的地方小吃，但县区之间的做法不一。民乐和山丹部分地区有一种青稞面搓鱼又别具特色，这种青稞面搓鱼的特点是长，有四十厘米左右。当地搓制手法娴熟的妇女可两手同时搓，一次可搓出4根，出锅后佐以油泼蒜泥、油泼辣椒面、醋等，食之无菜亦香。

拉条子又称炀面，历史悠久，制作方便。面条随人喜好可粗可细，可厚可薄，可圆可扁，绵软润滑，独具地方特色。拉条子以精细小麦面粉为原料，揪成大小一致的剂子，搓条成形，抹上清油码放在容器内松劲，俗称"醒面"。待醒至适当时，取出面剂子，两手各抓一端，均匀用力同时向两边拉扯，形成适应食者要求的长面条，下锅煮熟捞出即可食用，可热食亦可用凉水略激再食，品起来筋道不断，食之有味，解饥耐久，为日常生活的主餐，更是逢年过节款待宾客的正餐。

2.4 飞天之都——酒泉

2.4.1 酒泉概况

人世间常常有一种神秘美妙的巧合，一千多年以前，莫高窟洞壁上出现了美丽的飞天，一千多年后的今天，中国第一艘载人飞船在酒泉卫星发射中心升空，实现了中华民族的飞天梦想。古代飞天，现代飞天，诞生于同一片土地，仿佛天作之合。

酒泉，山脉连绵，戈壁浩瀚，盆地毗连，构成了雄浑独特的西北风光。酒泉既有银装素裹的冰川雪景，也有碧波溪流的平原绿洲，还有沙漠戈壁的海市蜃楼。酒泉是敦煌艺术的故乡、现代航天的摇篮、新中国石油和核工业的发祥地、"铁人"王进喜的故乡和"铁人精神"的诞生地，千万千瓦级国家风电基地，百万千瓦级光电基地，新能源装备制造生产基地。

酒泉人，曾经创造了辉煌的历史文化，为古代亚欧地区民间的联系、交往，为"丝绸之路"的存在、发展、繁荣、兴旺，做出过特殊的贡献。在这片土地上，曾经上演了一幕幕扣人心弦、摄人魂魄的历史话剧。

酒泉地处甘肃省河西走廊西段、"丝绸之路"咽喉，是古代中国对外开放的最前沿。两千多年来，酒泉人民创造了辉煌灿烂的历史文化，留下了灿若群星的文化遗产，全市文物古迹总量达 1250 处，旅游资源点 526 处，其中，国家级文物景点 14 处，省级 208 处。酒泉被公认为全国旅游资源最富集的地区之一。

大漠孤烟，长河落日，古道驼铃，石窟佛陀，长城烽燧，绿洲牧场，构成了一幅雄浑辽阔、神奇瑰丽的中国西部风情画卷。酒泉有世界上规模最大、开凿时间最长、保存最完整、艺术最精湛的石窟群——敦煌莫高窟。莫高窟的开凿从十六国后期开始，经历北魏、西魏、隋、唐，一直到宋、西夏、元等时代，延续一千余年香火不断，造像不止，如今，它完整地保留下 735 个洞窟、2400 余身彩塑和 4.5 万多平方米的壁画、5 万多件文物。博大辉煌的敦煌艺术，让你一日跃进中国千年时光，一地欣赏世界四大文明。敦煌飞天，已成为甘肃旅游的第一品牌。

"西出阳关无故人""春风不度玉门关"。中国最古老的海关——阳关、玉门关都在酒泉境内，明代万里长城的终点——嘉峪关也巍然耸立在酒泉城西。丝路三关，千古绝唱，万世流芳。敦煌、瓜州境内集中分布着中国保存最完整的汉代长城，一道道貌不惊人的老墙，是汉武帝横扫匈奴、打通"丝绸之路"的钢铁臂膀，100 多座烽燧以及数十座古城遗址，记载着一部惊心动魄的历史。

西部有无数神秘的自然组合，流沙与清泉共生的敦煌鸣沙山、月牙泉景观是最令人赞叹的奇妙组合，在这里沙与泉相伴相生，相映成辉。雅丹国家地质公园是震撼人心最不可思议的奇景，在广袤无边的荒原上，数万支舰队浮出海面，在沉寂的死亡之海中千万支迷失的驼队，被一个神秘的声音汇集起来，等候出征的号令。

酒泉以"城下有泉，其水若酒"而得名。西汉年间名将霍去病西征匈奴大获全胜，汉武帝赐御酒，犒赏三军，霍去病将酒倒入泉中，与众将士开怀共饮，从此这眼泉就被称为"酒泉"。

酒泉人民不仅创造了绚烂多姿的古代文明，也创造了令世界瞩目的现代文明，在共和国的史册上续写了辉煌的篇章，在浩漠奇山里创造了新时代的壮美画卷。新能源建设前景广阔，风、光、热资源充足，素有"世界风库"和"世界风口"之称的瓜州、玉门，被国家批准为首个千万千瓦级风电基地。塔尔沟钨矿为亚洲第一大钨矿，老君庙则是我国最早的天然石油基地，黑沟铁矿被酒泉的铁人精神揭开了神秘的面纱，并与酒钢之魂一起写在了共和国的工业史册上。

伴随着一声声震撼世界的巨响，一座驰名中外的航天城——酒泉卫星发射中心在酒泉北部的戈壁深处崛起。随着神舟载人飞船相继升空，这里成为华夏儿女无限神往的飞天圣地、精神家园。

目前酒泉已开发出人文古迹、自然风光、民俗风情、航天科技、农业生态等五大类近百处旅游景区，莫高窟、鸣沙山、月牙泉、东风航天城、西汉酒泉胜迹、雅丹地质公园、阳关、玉门关等12个品牌旅游景点被文化和旅游部列入系列旅游促销产品。

酒泉，中华民族的飞天梦萌生和梦圆的地方，她的神秘和苍茫是你无法拒绝的诱惑。来吧朋友！背起行囊，即使一个人也能踏上西行的路，踏上你今生注定的飞天之旅。

2.4.2　西汉酒泉胜迹

西汉胜迹传千秋，芦花依旧伴晚舟。步履花苔索晓月，烟云深处藏翠柳。

西汉酒泉胜迹，又称酒泉公园，或泉湖公园，因园中有泉而得名。公园位于鼓楼东1.9公里处，占地面积27万平方米，是河西走廊唯一保存完整的一座汉式园林，迄今已有2000多年的历史。园内有泉有湖，有山有石，建有酒泉胜迹、月洞金珠、西汉胜境、祁连澄波、烟云深处、曲苑餐秀、花月双清、芦伴晚舟八大景区。园内古树名木，参天蔽日；亭台楼阁，雕梁画栋，素有"塞外江南""瀚海明珠"之美誉，是一座集古典园林、天然湖泊、文化游憩、趣味娱乐为一体的综合性公园，为国家 AAAA 级旅游风景区。

泉之显晦，也是酒泉之兴衰；泉之荣枯，也是酒泉历史沧桑之变化。汉唐兴泉，明清时期，政府和当地人民开始加强对酒泉胜迹的保护和修复工作，拓大了景区的范围，使其更加丰富多彩。从汉武盛世到贞观盛世，酒泉名扬天下。中华人民共和国成立后四次大规模修葺，使西汉酒泉胜迹更加风姿绰约，气势恢宏。

西汉胜境由汉阙大门、神明天桥、庙坛高台及园前汉风广场构成，主体以汉风格的台、阙式建筑为特征，豪放朴拙，大气磅礴。四根石雕——河西四郡柱，彰显了汉武帝列四郡通西域、开疆拓土的历史功绩。

仿汉阙式门楼建筑，是酒泉公园的南门，也是公园的正门。主体由子母阙构成。西汉酒泉胜迹正门中堂上悬挂的牌匾上，"瀚海明珠"由中国书法家协会理事张道兴题，"泉湖胜景"由曹无题。匾额的上方镶嵌着一幅花岗石牛头浮雕。相传明末清初时，酒泉城中经常洪水泛滥，据说有妖魔鬼怪在作祟，人们就在钟鼓楼的西北角和西南角各建了一座寺庙来镇邪。因为两座寺庙与钟鼓楼形成一个牛头的形状，所以人们又把酒泉城叫作"卧牛城"。

进入这汉风十足的大门，高大耸立的神明楼分列两侧，神明桥连接东西二楼。这两座高台式建筑虽是清代遗存，但积土为坛、坛庙合一的建筑手法却是秦汉时期早期园囿思想向往神灵的特有风貌。神明桥也是焚香祈福沟通神明之桥。

跨过神明桥，穿过汉代风格的大木檩长廊，尽头有一个花岗岩雕成的大酒樽。酒樽正面镌刻着李白的《月下独酌》诗句："天若不爱酒，酒星不在天，地若不爱酒，地应无酒泉。"杜甫在《饮中八仙歌》中写的"汝阳三斗始朝天，道逢麹车口流涎，恨不移封向酒泉"，也把酒泉比喻成饮中八仙所向往的地方。

绕过嵌诗酒樽，来到左宗棠修造的月洞门前，上有对联曰："甘或如醴，澹或如水；有则学佛，无则学仙。"其匾额是"饮之令人寿"。酒泉还有"药泉"之美称。清乾隆吏部尚书协办大学士刘于义曾曰："闻之《神异经》西北有酒泉，澄清如镜，饮者皆不死。"清朝程世绶在《酒泉》一诗中赞道："香甘一掬已陶然""芬芳不减洞庭春"。门扇上镌刻着中国近现代教育家、书法家于右任先生于1941年9月畅游酒泉公园时口占的《越调·天净沙·酒泉道中》："酒泉酒美泉香，雪山雪白山苍，多少名王名将，几番回首，白头醉卧沙场。"月洞门内侧有一碑亭，亭内石碑上有清代肃州兵备使者陆廷栋于宣统三年题写的"西汉酒泉胜迹"。这里就是闻名遐迩的古酒泉。古酒泉，也叫金泉。相传汉武帝元狩二年，公元前121年，骠骑将军霍去病西征匈奴，大获全胜，汉武帝赏赐御酒，霍去病将酒倒在泉中与将士共饮，所以有了"酒泉"之名。酒泉，泉水清澈见底，泉眼冬季不冻，夏季清凉爽口，可以饮用。泉水日出水量约3万立方米以上，泉水向北渗入小湖。绕过泉边，沿曲径往里走，一座座假山环绕着一个明洁如镜的湖泊。一座高大的石拱桥，把湖面一分为二。湖面上有九曲桥、假山等景致。到了冬天，湖面结冰，这里又成了很好的滑冰场。古酒泉北侧的大型群雕"出征""鏖战""庆功"再现了霍将军河西大捷的历史功绩和酒泉的来历。

酒泉公园因园内有泉有湖，故又称"泉湖公园"。泉因湖存，湖因泉名，泉湖相汲，水草相生，历经两千多年泉湖胜景长盛不衰，因而产生了很多与酒泉有关的诗句，如："高柳参天绿万条，梦随湖上荡轻桡，谁能缩地鸳鸯浦，欸乃声中过小桥。""柳、柳、柳，江南酒，不知君见否，溪左右，村前后，故乡处处有。""谁说春风不度玉门关？且看泉湖胜景赛江南。"

2.4.3 酒泉卫星发射中心

酒泉卫星发射中心，又称东风航天城，是中国四大发射场之一。自 1958 年 10 月 20 日成立以来，酒泉卫星发射中心先后执行了百余次航天发射任务，成功将 100 多颗卫星、10 余艘飞船以及 10 余名航天员送入太空。它是离太空最近的地方，也是通往太空的最后一站。它所承载的不仅仅是一枚火箭、一颗卫星，而是亿万人民对太空的向往、对宇宙的探索、对生命的敬畏、对未知的追求。

酒泉卫星发射中心分布于酒泉市及内蒙古阿拉善盟两市盟方圆 2800 平方公里范围，约 95% 的子基地位于酒泉市境内，5% 的子基地位于阿拉善盟境内。发射中心为军事禁区，非军事行政隶属酒泉市管辖。酒泉卫星发射中心距酒泉市约 200 公里，距阿拉善盟约 500 公里。20 世纪 80 年代中期，发射中心开始开放，因距离酒泉最近以及酒泉对外的知名度，因此取名为酒泉卫星发射中心。

酒泉卫星发射中心地处内陆，沙漠性气候，地势平坦，人烟稀少，全年少雨，白天时间长，每年约有 300 天可进行发射试验，又可充分利用西起喀什、东至闽西，距离数千公里的陆上航天测控网，便利的基础设施、完善的技术保障、测控通信、铁路运输、发配电等配套设施，条件很适合卫星及载人航天飞行器发射。

发射中心现对外开放载人航天发射场、指挥控制中心、"长征二号"火箭、测试中心、场史展览馆、革命烈士陵园、基地东风水库等处。2017 年，酒泉卫星发射中心被文化和旅游部、中国科学院推选为"首批中国十大科技旅游基地"，2018 年入选"中国工业遗产保护名录"。

载人航天发射场，因为中国载人航天计划在 1992 年 9 月 21 日被批准正式上马，所以又叫"921 工程发射场"。发射场由测试与发射、指挥、推进剂、供气、消防、通信、供电、发气、废水处理九个系统组成，其主要设施有 2 个发射单位、1 个活动式勤务塔、地下控制室和燃料库。

垂直总装测试厂房，外高 93 米，内高 85 米，所有的火箭都是运往这个厂房的一个活动发射平台进行组装，然后垂直转运到发射塔。在火箭转运的过程中，下面活动发射平台的供电车会给它供电，然后通过一个间宽 20 米的铁道运过来，之后再加注燃料。这就相当于一个母亲在给肚子里的婴儿输送营养，所以叫脐带塔。火箭运往发射塔，经过再次精细地检查以后，才可以加注燃料，实施发射。

在文昌发射场建成之前，该垂直总装测试厂房是亚洲最高的单层建筑，"中国酒泉卫星发射中心"这几个字，是启功老先生所题。在字的两侧有六扇白色的升降门，每一扇 20 吨重。火箭转运出来的时候，这些门就会一扇一扇卷起来，下面的两扇门则会推拉开，可以同时组装两个火箭，还可以短期内将火箭运送到发射架进行发射。在我们的空间站建好以后，若空间站出现问题，或者航天员需要应急返回地面时，可以短时间内将飞船发射升空，接航天员回家或者对空间站进行维修。

我国"神舟号"飞船都是在酒泉卫星发射中心成功发射的。1970年4月14日，中国第一颗人造卫星"东方红一号"在这里成功发射。1999年11月20日，我国第一艘宇宙飞船"神舟一号"成功发射。杨利伟于2003年乘载"神舟五号"载人飞船在这里顺利升空，圆了国人的飞天梦。

问天阁是酒泉卫星发射中心航天员公寓名称，是航天员在发射基地的工作生活区。主要包括航天员飞行任务的准备设施、训练设施、生活设施和专用会见厅，是航天员在飞船发射前进行短期活动、训练、医监医保、隔离检疫、登舱准备等活动的场所，名字源于屈原的天问和苏东坡的名句"把酒问青天"，寓意航天人不断探索宇宙奥秘的理想追求。

问天阁所在的院落被称为圆梦园，按中国传统园林风格设计。坐落于院落正中间的问天阁由两组两层建筑构成，淡蓝色墙体的建筑，专供航天员居住，橘红色外墙的房子用来接待国家领导人和来宾，航天员居住的房子呈"八"字形，有宽展的双翼，双翼上面由高到低排列着三道弧形的造型，如同梳理整齐、刚刚打开的羽毛，整栋建筑像展翅待飞的大鹏。在这里，会看到"中国航天员纪念林"，其中就有杨利伟、聂海胜、费俊龙等亲手种植的纪念树。

进入问天阁，首先是个宽敞的大厅，航天员在此可聊天，大厅后面是航天员的餐厅。二楼是航天员的宿舍，201宿舍曾住过杨利伟、翟志刚、聂海胜，门后还有他们三人的签名。

会见厅是问天阁上镜率最高的地方，专供航天员与来宾及媒体记者见面，航天员在弧形的玻璃房子里参加完出征仪式后，从问天阁的侧面出去，开启他们的飞天之旅。

2.4.4　锁阳城遗址

总有一座城，怀藏着辉煌的过去；总有一处地方，等你聆听它的故事。在"丝绸之路"黄金段上，就有这么一座拥有深厚历史文化的县城，它因"瓜"得名，因"史"留名，因"路"驰名，它就是瓜州。在这座东进西出的商贾重镇之中，屹立着一座经历 1700 多年风霜的古代城遗址——锁阳城。这个瓜州大地上的世界文化遗产有着怎样绚烂辉煌的过去呢？

在去往锁阳城的戈壁滩上，一座雕塑吸引了赶路人的目光，那就是《大地之子》。一个巨型的婴童，光着屁股趴卧在大地上，神情安详。这座长 15 米、高 4.3 米、宽 9 米的红砂岩石材搭建而成的巨型雕塑，由清华大学雕塑家董书兵创作，是国内外迄今为止首例最大的数字雕刻的石雕作品。这样一件令国人骄傲的作品，其背后有什么引人深思的寓意呢？

孩童代表着生机勃勃，代表着未来，但也是稚嫩的，而《大地之子》借由红砂岩石材，呈现出了一种原始、粗狂、坚强和大气，在它的面前我们人类却如此渺小。《大地之子》的诞生将寓意千年文化的复兴与不衰，体量巨大的酣睡中的婴儿形象将成为"丝绸之路"上新的时代地标。

锁阳城遗址位于甘肃省酒泉市瓜州县锁阳城镇东南的戈壁荒漠中，是集古城址、古佛寺遗址、古渠系和古垦区、墓葬群等多种遗迹为一体的考古遗址，它保存了中国古代最为完好的军事防御体系和农业灌溉水利体系，同时也保存了古代较为完整的军事报警系统和城市建筑系统。锁阳城遗址在 2014 年作为"丝绸之路：起始段和天山廊道的路网"当中的遗产点被录入《世界遗产名录》。

锁阳城遗址始建于西晋，唐武德五年设瓜州，西夏时设立西平监军司，自西夏军队撤出后，城废至今。主要遗存包括锁阳城城址、塔尔寺遗址、锁阳城古垦区和古渠道遗迹、锁阳城墓葬群等 4 处遗迹。

锁阳城遗址曾叫"苦峪城"，相传唐朝薛仁贵奉命西征，一路势如破竹，可是打到苦峪城后一不小心中了埋伏，被围困城中。被困多日，城中粮断草绝，薛仁贵下令将士节衣缩食，以待援兵，紧要时刻，战马却一日日肥壮，将士们发现它们在吃一种通体泛红长相极像胡萝卜的东西，然后将士们也挖来吃，一直坚持到程咬金救兵到来。后来才知道这个长得像胡萝卜的植物叫"锁阳"，后人为了纪念战役中锁阳的功劳，把"苦峪城"改为"锁阳城"。在河西一带一直流传着这句歌谣："锁阳锁阳，是药又是粮，病时作药，饥时作粮。"

据考证，锁阳城遗址是迄今为止发现的河西走廊规模最大、保存也最为完整的一座古城遗址。曾经的锁阳城由内城、外城及羊马城组成，内城、外城双重城墙，外城与内城之间的羊马城，以及墙体上的瓮城、马面、角墩等防御设施共同构成了完整的城市防御体系。

遗憾的是，岁月的风沙留给我们的只有那些斑驳的残壁断垣，似乎在述说着古城曾经的硝烟与峥嵘。

在锁阳城东边不远有一座塔尔寺遗址，分布面积约 15 万平方米，曾被誉为唐代"阿育王寺"，当年唐玄奘取经路上就在这里讲经说法、收徒买马。瓜州县的塔尔寺遗址中有多座佛塔，其中最为显眼的是一座大型覆钵塔。此外，遗址中还有其他的小型佛塔和僧侣墓塔等。在遗址中还发现了许多文物，如瓦当、陶质兽角、佛首、木质斗拱、壁画残块、塑像残块等各类器物残件，这些文物表明了这里曾经是一个重要的佛教中心。因在小土塔中出土过泥版印刷的西夏文"六字真言"，遗址中和遗址周围发现比较多的西夏时期米黄色青釉瓷片和黑色釉雕刻花纹瓷片，以及榆林石窟 16 窟内有西夏墨书题记等，由此推定该寺院及锥形白塔属于西夏时期产物。

锁阳城古垦区和古渠道遗迹分布于锁阳城城址周边约 60 平方公里的区域内，保存了完好的古代灌溉网络体系，包括疏浚工程、拦水坝、干渠、支渠、斗渠、毛渠等各项设施，是古代当地居民充分利用自然条件进行农业生产活动的重要遗存，也是我国古绿洲沙漠化演进过程当中的典型标本。

锁阳城墓葬群分为东、南、西三片，共有墓葬 2157 座。墓葬群内出土的唐代丝绸、骆驼俑、胡人俑、瓷器等文物承载了大量的历史信息，为锁阳城遗址当年繁盛的商贸活动提供了直接的佐证，也是当年锁阳城遗址发达的农业形态和早期社会生活的真实反映。

古城犹存，历史不曾被人忘却；岁月虽逝，过去辉煌亦不曾褪色。如今的锁阳城，依旧以坚韧的身姿撰写着独属于它的故事。

2.4.5　桥湾古城

"两山对锁东西峡，十水争流上下滩"，桥湾古城遗址俗称"康熙梦城"，位于甘肃省瓜州县城东 85 公里处的 312 国道南侧。始建于清雍正十一年，东连嘉峪关，南临祁连山，北通蒙古，西达吐鲁番，自古以来就是通往中国东部、西部和北部的交通要道，是集汉长城、汉墓群、魏晋墓群、古庙宇、古城址等多种文化内容为一体的古文化遗存地。

浩瀚的戈壁，神奇的倒流河，奇异的古树，美妙的天生桥，迷人的海市蜃楼，久经战火的烽火台，这一切构成了这里最具西部特色的自然景观和人文景观。闻名世界的汉代长城，由东而西，自城北穿过，经双塔，过西湖，跨敦煌，越玉门关，直达我国西部的罗布泊，沿线分布我国古代北方军事防御体系的重要组成部分。

桥湾古城呈长方形，南北宽 122 米，黄土版筑，墙体保存较为完整，残高 5 ~ 8 米不等，开南、北两座城门，均有垛墙及城楼残迹，城四角有角墩，城内有东西大道及房屋庙宇建筑遗迹。城西南角的疏勒河上原有一座天生桥，横跨疏勒河，南北相通，河水从硬质的黄版土桥下流过，车马行人通行桥上，这里逐渐形成了弯环的河流，桥湾也由此而得名。

据《安西县志》记载："康熙夜梦桥湾城，观音柳上挂玉带。"相传，康熙皇帝做了一个梦，梦见圣驾巡游到西北某地，在荒寂无人的戈壁沙碛中，突然出现了一片绿洲，但见清水弯环，向西流去，河边有两棵参天大树，树上挂着金光耀眼的皇冠、玉带，真似人间仙境。康熙梦醒之后，非常高兴，觉得梦中之境必是龙游圣地，即命朝中大臣按梦中情景绘图查访，大臣们辛辛苦苦来到茫茫戈壁的桥湾一带，忽见疏勒河碧水西流，河边两棵高大的胡杨树上悬挂着草帽、草腰，与康熙梦中情景恰好吻合，查访大臣即火速回京上奏康熙帝，康熙帝闻听后龙颜大悦，随即下圣旨，拨巨款，派程金山父子在桥湾督修一座方圆九里九的城池，做皇帝西巡行宫。程金山父子奉旨来到此地，见这里荒凉偏远，心想，皇帝哪能来此巡游，便见财忘法，贪污了建城银两，只修了一座方圆三里三的小城敷衍了事，便回京城复命。后来一钦差大臣西巡河西地区，发现桥湾城与程金山父子禀报皇帝的情况相差甚远，便上奏朝廷，康熙帝大怒，降旨将程金山父子处死，取其头，剥其皮，制成人头碗和人皮鼓，悬于永宁寺，日夜敲击，以警后人。康熙帝夜梦桥湾城的典故便由此而来。

康熙三十一年（1692 年），在桥湾古城西北，敕建"永宁寺"。寺院规模宏大，金碧辉煌，大殿内供佛像、康熙帝像及康熙皇袍、马鞍等物，另悬置人皮鼓、人头碗等，四季诵经，香火旺盛。同时在这里设"营讯千总都司署"储备粮草，重点防守，成为雍正皇帝西征准噶尔的重要军事要塞。由此可见，康熙皇帝要在这里修建城池，真正的目的是用于驻军屯粮，以作为进军新疆平叛的桥头堡和打通中原与西域的交通要道，所谓皇帝的梦中之城不过是民间口头文学的一种附会罢了。

　　咸丰末、同治初，回民叛乱，盗匪侵扰，城失民逃，寺毁僧散，今遗址尚存，地面有大量砖瓦堆积，寺院基址纵横交错，可以领略当年的建筑规模。桥湾古城东、南分布有大量的汉墓群和魏晋墓群。

　　桥湾古城的历史并没有全都记载在史书里，桥湾古城发生的故事，也没有全都保留在人们的记忆中。昔日辉煌的仓城，壮观的皇寺，神奇的传说，早已化作历史尘埃，我们从中依然能感受到一种历史的厚重，一种沧桑的至美，一种人性的凝重。

2.4.6　金塔胡杨林

金塔沙漠胡杨林过去曾是一望无垠的滚滚沙海、鸟兽罕至的不毛之地，百姓曾长期深受沙害之苦。为改善生态环境，经过当地人民半个多世纪的艰苦努力，共营造防风治沙公益林 10 万亩。

深受广大游客青睐的金塔胡杨林景区，位于古"丝绸之路"中段北侧、甘肃省金塔县城西北 8 公里处，由胡杨林—金波湖核心游览区、沙枣林观光休闲区、瀚海红柳林保育区、沙漠康体理疗区和芦苇湿地迷宫区五个功能区组成，其中胡杨林面积 1 万亩，是甘肃乃至西北地区最大的"化石级植物"万亩人工胡杨林。 2009 年，金塔县开始注入巨资打造胡杨林景区，通过多年的持续建设，2015 年成功挂牌国家 AAAA 级旅游景区。现在的金塔胡杨林已打造成为集观光、休闲、摄影和沙漠户外体验为一体的旅游胜地，成为金塔对外宣传的一张靓丽名片。

金波湖碧波荡漾，胡杨林金碧耀眼，沙枣花清香扑鼻，野生动物种类繁多，红柳红妍秋醉，芦荻白花寒吹，沙滩柔绵，阳光迷人。领略大漠风情，鉴赏胡杨文化，探秘桐林幽境，体验沙瀚野趣，这里是集生态造林、防风固沙、餐饮娱乐、休闲度假、摄影创作、观光旅游为一体的旅游胜地，被评为甘肃省秋色最美的地方之一。

当大漠旷野吹过一丝清凉的秋风时，胡杨林便在不知不觉中，由浓绿变为浅黄，继而变成杏黄了。登高远眺，金秋的林海，令人心旷神怡。落日苍茫，晚霞一抹，胡杨由金黄色变成金红，最后化为一片褐红，渐渐地融入朦胧的夜色之中。每一棵高大的胡杨树冠枝头，间或又有浅绿、淡黄的叶片在闪现，错落有致，色彩缤纷。秋风乍起，胡杨金黄的叶片，飘飘洒洒落到地面，大地铺上了金色的地毯，辉煌而凝重。

漫步在胡杨林中，仿佛进入了神话中的仙境。茂密的胡杨千奇百怪，神态万千。粗壮的胡杨几个人难以合抱，挺拔的有七八丈之高，怪异的似苍龙腾越、虬蟠狂舞，令人叹为观止。密密匝匝的树叶，也是风采独具。幼小的胡杨，叶片狭长而细小，宛如少女的柳叶眉，人们常常把它误认为柳树；壮龄的胡杨，叶片又变成卵形或三角形，犹如兴安岭的白桦；进入老年期的胡杨，叶片才定型为椭圆形，更有甚者，在同一棵胡杨树冠的上、下层次，还生长着几种不同形状的叶片，可谓奇妙绝伦。

胡杨是一种生命力极强的树，又称灰杨，属落叶乔木，是第三纪残余的古老树种，是一种沙漠化后而特化的植物，大多是野生，被人们誉为"沙漠勇士""英雄树"。 胡杨林是一种神奇的群体，它们耐寒、耐热、耐碱、耐涝、耐干旱，由于风沙和干旱的影响，很多胡杨树造型奇特，是一种独特的自然景观，堪称大漠中的一颗明珠。每年 9 ~ 10 月，当第一场秋霜降临，大片的胡杨林由绿变黄，一眼望去，阳光下金色的树叶衬着湛蓝的天空于风中婆娑起舞，那种强烈的反差，鲜明的影调，亮丽的色彩，足以令任何语言文字显得苍白无力。胡杨是中亚地区唯一适合生长的乔木，它是大自然漫长进化过程中幸存下来的宝贵物种。它妩媚的风姿、倔强的性格、多舛的命运激发人类太多的诗情与哲思。

胡杨活着一千年不死，死后一千年不倒，倒下一千年不朽。大片壮阔无边的枯杨，它们生前为所挚爱的热土战斗到最后一刻，死后仍挺立在战友与敌人之间，皆是累累伤痕，却未见哪一株是卑躬屈膝，弯腰伏地。这种凛凛然、士为知己者死的精神和气节世代被人们所崇拜和敬仰！

2.4.7　榆林窟

瓜州榆林窟又名万佛洞，是中国佛教石窟艺术的重要宝窟之一。

古城瓜州，对于很多人来说，或许是个陌生的地方，但要是说到紧挨着瓜州的敦煌，那可是一个耳熟能详、海内闻名之地。在相距敦煌不过百里的瓜州，还有一处未被人们发现的另一个艺术圣地——榆林窟。

榆林窟创建年代虽无文字可考，但从洞窟形式和有关题记看，唐、五代、宋、西夏、元、清各代均有开凿和绘塑，进行过大规模的兴建。

现存有完整壁画的洞窟分上下层共有 43 个，其中东崖 32 窟、西崖 11 窟。保存着彩塑 250 余身、壁画 5650 余平方米。

洞窟形制主要有中心佛坛窟、中心塔柱窟、大像窟等三种。各类窟形均始于唐代，以后成定式沿用。但东西两崖上层洞窟前面多有较深的甬道，且横开连通毗邻各窟的长穿道，不同于莫高窟。塑绘结合的彩塑内容主要有佛、菩萨、弟子、天王、力士等，形式有圆塑、浮塑等。除第 6 窟大佛殿宋代塑的高 24.35 米的善跏坐佛像和第 5 窟长 13 米的卧佛像各一身为石胎泥塑外，其余均为木骨泥塑。

初唐壁画只存残迹，其余 4565 平方米壁画大多保存尚好，根据其特点可分为中唐（吐蕃统治时期）、五代、北宋、回鹘、西夏、元六个时期。唐代洞窟有 14 个，保存完整的仅存第 25 窟。该窟在整个敦煌石窟中也属于珍品。前室正壁门两侧分别绘毗琉璃天王像和毗沙门天王像。主室窟顶可见千佛残迹。正壁中部绘卢舍那佛像和虚空藏、弥勒、地藏、文殊等八大菩萨像，北侧绘释迦行像，南侧已毁。南、北两侧壁分别绘观无量寿经变、弥勒经变。前壁门两侧绘文殊变、普贤变。全窟壁画构图严谨、造型逼真，色彩绚丽。威武有力的天王、力士，庄严慈祥的菩萨，栩栩如生的昆仑奴及狮子、白象，神态生动，线条潇洒流畅，充分体现了唐代风格和精湛技艺。尤其是"弥勒经变"中的农作、扫街、宴会、探亲、写经、剃度等描绘社会生活的画面，充满了浓郁的生活气息。

西夏第 3 窟的千手千眼观音手中所持物件多达 140 件，其中有铁器、酒、铲、锯、双尾船等，还首次出现了拉弦乐器的鼻祖胡琴。文殊、普贤经变中的山水画一改以往背景装饰的陪衬作用而具有了明显的独立性，画面气势磅礴、意境深远，是十分罕见的古代山水壁画精品。

西夏第 2 窟的水月观音线描精致、设色富丽、意境高雅，令人赏心悦目、遐思神往。

五代、北宋时期兴建和重修洞窟 23 个，壁画题材主要有经变画、尊像画、佛传故事画、佛教史迹画、瑞像故事画和供养人画像等五类。其中的供养人画像数量较多，分为三种：曹氏归义军政权的统治者及其眷属、大小官吏的画像；与曹氏联姻的少数民族地方政权统治者画像，如于阗国王和王后，吐谷浑慕容归盈出行图等；特别是出现了曹氏画院的"都勾当画院使""知画手""都画匠作""画匠"等的画像，是重要的历史资料。

西夏、元时期共兴建和重建洞窟 16 个，使榆林窟出现了最后的兴盛局面。壁画题材主要有经变画、佛像画、供养人画像、装饰图案等几类。供养人画像中有人物和衣冠服饰迥异的党项羌、回鹘、蒙古族贵族官吏和侍从的画像。后期的第 2、3、29 窟与元代的第 4、10 窟等典型洞窟的壁画艺术体现了三种新风格：①中原绘画风格，人物衣冠如道教神仙，线描精致流畅，变化丰富，色彩清淡典雅，这是受宋辽影响而出现的新的艺术风格。②藏传密宗风格，人物比例适度，形象明显受尼泊尔和印度的影响，线描圆润秀劲，设色冷峻浓艳，具有浓厚的异域气氛。③西夏艺术风格，人物造型和服饰具有西夏的民族特征。第 2 窟水月观音图，第 3 窟文殊变、普贤变、西方净土变、千手千眼观音变，第 4 窟释迦、多宝曼荼罗、不空绢索曼荼罗等是代表这个时期高度艺术水平的作品。

元代第 4 窟藏密曼荼罗和多种度母、观音、文殊、普贤均以外来技法绘制、造型严谨、准确，色彩对比强烈、气氛神秘。特别是榆林窟和所属的东千佛洞绘制的 6 幅玄奘取经图，十分珍贵。除此之外，榆林窟西夏、元时期的供养人画像和装饰图案也有十分明显的民族特征。装饰图案除流行的花草、鸟兽、几何图形外，还有以"天""王"等字变化成的图案，极富创意。

榆林窟壁画内容和风格与敦煌莫高窟有着不可分割的联系，又称为敦煌莫高窟的姊妹窟，是敦煌石窟艺术体系的重要组成部分。特别是五代以后，莫高窟艺术呈现出明显的衰落趋势，而榆林窟无论从内容、绘画风格，还是艺术水准方面，都显示出其时代特征和独到的艺术魅力，从而更加充实了这座宝库的内涵。

2.4.8 玉门概况

玉门市地处甘肃省西北部,"丝绸之路"要道,东临嘉峪关,西毗敦煌,为甘肃河西走廊交通门户,是我国中原通往新疆、青海,走出国门去往蒙古、中亚、欧洲的必经之路,素有"塞垣咽喉、表里藩维"之称。

玉门是我国现代石油工业的摇篮,"铁人"王进喜的故乡,也是新中国成立后建市较早的工业城市。全市总面积 1.35 万平方公里,总人口 13.7 万人,其中城市人口 8.92 万人。石油工业在此已有 65 年的发展历史。

玉门有着悠久的历史。新石器晚期即有人类居住。商至战国为西羌地,秦至汉初为月氏、乌孙国和匈奴地。汉武帝元狩二年始建县,即称玉门县,隶酒泉郡。西凉置会稽郡,北魏置玉门郡,清乾隆二十四年(1759 年)复置玉门县。1949 年 9 月 25 日,中国人民解放军和平解放玉门油矿,翌日解放玉门县。1955 年 12 月成立玉门市(省辖市)。1958 年11 月并为地级市,1961 年改为县级市,隶属酒泉地区行署至今。

玉门境内古文化遗址众多,著名的有新石器晚期火烧沟文化遗址、昌马石窟、古代岩画、汉代长城、烽燧以及唐、宋、明、清时期的文化遗存。

玉门有辽阔肥沃的土地,珍贵丰富的资源,是天然石油基地,也是我国重要的商品粮基地。境内水利资源丰富,疏勒河、白杨河、石油河、小昌马河年径流量 12 亿立方米,4500 亩水面的干海子被列为省级鸟类自然保护区。

改革开放以来,玉门城市经济快速增长,形成了以石油工业为主体、地方工业门类齐全、行业众多、工商贸易协调发展、产业结构趋于合理的城市经济体系。主体产业石油工业已发展成为拥有地质勘探、钻井、采油、炼油、运输、油田工程建设、石油机械制造和修理等多门类、多层次的生产及服务相结合的大型联合企业。

关于玉门石油河,清乾隆元年《甘肃通志》记载:"石脂水,即石油河,出肃州南山。"范晔的《后汉书·郡国志》记载:"延寿县南有山,石出泉水,大如笛,注地为沟。其水有肥,如煮肉泊,漾漾永永,如石凝膏,燃之极明,不可食,县人谓之石漆。"延寿就是现在的玉门。石油河发源于肃北讨赖山的野大马泉,全长 104 公里,流域面积 1974 平方公里,年水资源量为 4070 万立方米,年平均流量为每秒 1.46 立方米,河水穿过玉门流入花海。它是一条真正的河流,不仅用于农业灌溉,而且是玉门市工业用水和生活用水的主要水源。它是中国唯一一条以石油命名的河流。据说,它就是明代吴承恩《西游记》里写到的"黑水河"。

中国的第一座油矿——老君庙油矿,就建立在这条石油河上。1905 年,一位"驻甘多年,素有闻望"的比利时人林辅臣曾来到玉门考察石油,并取走油样到上海化验,结果为"油质甚佳"。同年,陕甘总督升允同意聘用林辅臣试办玉门油矿,最终无果,开发玉门石油的计划未及实施即胎死腹中。

1911年，玉门赤金堡居民张际云、杨大和等人对石油河一带进行土法开采，共挖掘大小油泉41个，年产油约25吨以上，销往河西至兰州等地。从此，玉门石油成为商品而流通于市场。1937年抗日战争爆发后，国民政府决定开发玉门油田。1939年，老君庙油矿开采出了第一口油井。

老君庙在玉门南坪东岗坡下，石油河岸边，是一座安静的、掩映在一片密密的小树林后边的小庙。庙里有一副对联，不知何人所作，联曰："混混沌沌恍恍惚惚无上无下无头无尾道生万物道义精微好似云挂山巅并至山巅云更远，荡荡洪洪苍苍茫茫有山有水有阴有阳地产五谷地蕴浩瀚恰似聚宝盆钻开宝盆油自喷。"

在老君庙的门前大约几十米，就是声名赫赫的"老一井"，这座1939年开采的中国的第一口油井，已经不再出油，成为文物，和老君庙一起陈列在天地之间。20世纪50年代末，玉门油田的原油产量撑起了中国石油工业的半壁江山，也培养出了王进喜等全国著名的劳动模范。

王进喜1923年出生于玉门赤金堡，乳名"十斤娃"，讨过饭，放过牛，15岁到玉门油矿做苦工，直到玉门油矿解放。1950年春，玉门矿招工，他成为新中国第一代钻井工人，1956年加入党组织，担任贝乌五队队长，创出了月进尺5009.3米的全国钻井最高纪录，他率领的队伍被授予"钢铁钻井队"荣誉，王进喜成为"钻井闯将"并参加了建国十周年国庆观礼。

1960年3月25日，王进喜带着1205钻井队来到大庆，打出了大庆油田石油大会战第一口油井，并创造了年进尺10万米的世界钻井纪录。1969年4月，党的"九大"在北京召开。王进喜作为大庆的代表出席了这次大会，并当选中央委员，受到了毛主席的接见。1970年11月15日，王进喜因胃癌医治无效不幸病逝，终年47岁。

"爱国创业我最认真，求实奉献我最根本！"中国石油工人的光辉典范、中国共产党人的优秀楷模王进喜，在玉门油田这个石油摇篮中锻炼成长了十年，留下的精神财富——铁人精神，成为我国社会主义核心价值体系建设的宝贵财富，被后人敬仰和学习。

2.4.9 酒泉夜光杯

是什么,引起我们对文化的崇敬?是什么,带领我们回忆绚烂的旧年?是什么,升华着未来前行的方向?是文化遗产,是秦砖汉瓦,是诗词歌赋,是一座城独有的文化印记。今天我们一起走进酒泉夜光杯的文化世界。

"金张掖、银武威、玉酒泉",说起历史上有名的河西四郡之一的酒泉,就不得不提及产于酒泉的夜光杯。夜光杯是一种古代玉制的餐饮工具,甘肃省酒泉特产之一,中国国家地理标志产品。

酒泉市肃州区地处甘肃省西部、河西走廊中段,境内祁连山的祁连玉石是酒泉夜光杯制作的原材料。酒泉夜光杯采用祁连山的老山玉、新山玉、河流玉等优质名玉雕琢而成。祁连玉按颜色可分为墨玉、碧玉、黄玉,都可用来制作夜光杯。生产夜光杯要经过钻棒、切削、掏膛、冲碾、细磨、抛光、烫蜡等二十多道工序。造型独特,式样精巧,分传统夜光杯和仿古夜光杯两大类。传统夜光杯有大、中、小高脚杯、平底杯、啤酒杯、微型杯、三炮台玉盖碗;仿古杯有爵杯、凤杯、觞杯、牛头觥、双凤杯、双龙海棠杯及酒具、茶具。玉雕旅游工艺挂件有八十多个品种。

夜光杯的纹饰乃天然形成,其墨黑如漆、碧绿似翠、白如羊脂。做好的杯子纹饰天然,杯薄如纸,光亮似镜,内外平滑,玉色透明鲜亮,具有抗高温,耐严寒,盛烫酒不炸,斟冷酒不裂,碰击不碎等特点。如在夜晚,对着皎洁月光,把酒倒入杯中,色不变,味更浓,杯内明若水,似有奇异光彩,甘味香甜,日久不变,被称为白玉精。

"骚人偏爱夜光杯,湛透泽柔萦月辉。天令纹华生异彩,酒香玉润醉双飞。"自古便负盛名的酒泉夜光杯堪称中华一绝。据说,公元前 7 世纪时,周穆王当政,西域曾向朝廷献"夜光常满杯"。当时,西域的一个小国使节送礼上朝,以求得和平共处。第一年,使节带着产自新疆当地的和田玉前往朝觐。周穆王见到这块玉石,龙颜大悦,对使节及其随从盛情款待。第二年,使节如法炮制,又选出上好的玉石进献。然而,周穆王的反应十分冷淡。使节回国后,向国王讲述了周穆王的态度,并商量如何才能讨得周穆王的欢心。此时,有人提议,不妨把玉石做成酒器,因为周穆王喜欢饮酒,用上等玉石做成樽饮用美酒,应该是周穆王高兴的事。果然,第三年,当一盏盏晶莹剔透、薄如蝉翼的杯子摆在周穆王面前时,周穆王十分高兴。特别是当杯中斟满红葡萄酒时,月光下,波光粼粼,煞是好看。周穆王立即下令奖赏使节。夜光杯从此诞生,也因此而得名。夜光杯自己不会发光,它需要借助外部的光来产生那种奇异的效果。

"葡萄美酒夜光杯,欲饮琵琶马上催。醉卧沙场君莫笑,古来征战几人回。"唐代诗人王翰的一首《凉州词》,更使得古城凉州的葡萄美酒和酒泉的夜光杯千百年来驰名天下。

　　夜光杯，是"丝绸之路"上的璀璨明珠，历史长河中的文化结晶。熠熠生辉的酒泉夜光杯，不仅是生活中馈赠友人的佳品和聚会饮酒的器皿，其独特的雕琢工艺更是后人引以为傲的宝贵文化遗产。2006年5月20日，该遗产被列入第一批国家级非物质文化遗产名录。2007年6月5日，肃州区的李洪斌成为该文化遗产项目代表性传承人，并被列入第一批226名国家级非物质文化遗产项目代表性传承人名单。唐代诗人的"葡萄美酒夜光杯"和叶剑英同志"评泉品酒看光杯"的佳句，更使夜光杯盛誉远扬。它现已远销欧、亚、美三大洲的许多国家和地区，深受国际市场的欢迎，成为五洲四海传递盛情的友谊之杯。

2.4.10 舌尖上的酒泉

所谓"民以食为天"。从古至今，老百姓信奉的就是衣食无忧的富裕生活，而食物所传达出的意味，则涵盖了古圣先贤、天地人和谐统一的哲学理念，并无时无刻诠释着历史、文化、传统，乃至习俗、技艺和情绪。然而，在老百姓的生活中，即使是最简单的一日三餐、粗茶淡饭，也隐藏着亘古不变的秘密。

行在酒泉，吃在酒泉。相信酒泉的美食定会让你眼花缭乱。"瓜州三绝"——饮锁阳酒、品瓜州瓜、食双塔鱼。

锁阳是瓜州特有的名贵中药材之一，又名不老药，民间素有"三九锁阳赛人参"之说。选用优质锁阳为主要原料的锁阳酒，以疏勒河水酿造的上等白酒炮制勾兑而成，色泽鲜丽，甜绵适口。

瓜州蜜瓜质脆汁多，香甜可口，清爽宜人，是消暑止渴的佳品。有诗赞曰："冰泉浸绿玉，霜刀破黄金；凉冷消晚暑，清甘洗渴心。"

双塔淡水鱼肉质细嫩爽口，为今日敦煌"大汉雄风""盛唐气象""敦煌新景""市井百吃"四大美食系列之中的保留菜单。

生命之树——枸杞，强身健体、延年益寿，可以"留住青春美色""与天地齐寿"，枸杞花被称为"长生花"，枝条被称为"仙人杖""西王母杖"。

阿克塞马奶酒是甘肃省酒泉市阿克塞县的特产，是由马奶经过加工发酵制成的，浓烈、醇香。

酿皮子是酒泉人特别喜爱的夏令吃食，加拌醋卤，如香醋、蒜泥、红辣子、芥末、炒盐等后，刺激你的味蕾。

清泉羊羔肉是玉门独特的地方风味美食，当地羊羔日食药草，夜饮矿泉，造就了肉质细嫩、味道鲜美的清泉羊羔肉。

拉条子是酒泉人日常主食之一，经过揉、揣、醒，做成面剂，搓圆拉细入锅煮熟，拌以各类炒菜或炸酱，或加料配炒，即成炒面。细圆的叫"肠儿"，更细的叫"一根线"，按成宽扁的叫"扁叶子"，窄扁的叫"韭叶子"，鸡肠面揪成一寸左右短截的叫"炮仗子"，更细的叫"香头子"，揪成方形薄片的叫"揪片子"。

麻什子，和面要硬，擀切成小方面丁，煮透捞出浇上羊肉汤，搭配粉块、粉条、羊肉沫、豆腐丁及其他块状菜丁，稀稠适中，酒泉人把这种饭叫"羊肉麻什子"或叫"小饭"。

炸油糕，在油面中包入冰糖、白糖、玫瑰香精、核桃仁、芝麻等加工成小圆饼。在油锅中煎炸后即食，吃起来香甜酥松。

金塔黑醋，颜色黑而透红，金塔主妇几乎人人都会做，醋槽子发酵，选曲，煮颗儿，经拌料、发酵、泡醋、晒醋等工序，味道酸甜醇香，长久放置不生花，不变质。

拨鱼，也叫拨疙瘩，把面粉加入水拌成稠糊状，盛入碗中，用筷子直接拨入锅中，呈两头尖、中间粗的鱼脊形面条，或干拌或浇汤食用。

酒泉最具代表性的小吃应该就算"糊锅"了，鸡汤中，加入粉块、面筋、鸡丝，把炸好的大麻花掰碎，放入汤中，糊辣鲜香，成为老酒泉人的最爱和各星级酒店的必上佳肴。在外漂泊的游子回乡省亲，回家必是先吃一碗糊锅。

花锅盔做起来很讲究，在面盆大小的生面上用针描画，描画的内容大多是"嫦娥奔月""松竹梅兰""仙桃果"之类，加入南瓜、红曲、黄曲、姜黄、枣泥等，做成别具风味的锅盔放入烧锅中用麦草点火烧烙。

还有扁豆面条、猫耳朵、芽面包子、麻腐包子、煎饼、烧壳子、榆钱饭、汤面油饼……好了，好吃的东西说也说不完，相信淳朴的酒泉人肯定会用最好的东西招待远道而来的你！

2.5 戈壁钢城——嘉峪关

2.5.1 嘉峪关概况

嘉峪关市位于甘肃省西北部，河西走廊中段，是"丝绸之路"的必经之地。它东连历史文化名城酒泉市，西接我国最早的石油城玉门市，南望白雪皑皑的祁连山，与张掖地区肃南裕固族自治县接壤，北通浩如烟海的巴丹吉林大沙漠，与金塔县和内蒙古额济纳旗相连。

嘉峪关是"丝绸之路"的交通要冲，又是秦朝万里长城的西端起点。在这里，两千多年前开辟的中国与西方经济文化交流的"丝绸古道"及历代兵家征战的"古战场"烽燧依稀可见。这里是中国丝路文化和长城文化的交汇点，素有"河西重镇""边陲锁钥"之称。

嘉峪关市因关得名、因企设市，是以举世闻名的"天下第一雄关"——嘉峪关命名的工业旅游城市，又因它是西北最大的钢铁联合企业——酒泉钢铁（集团）公司所在地，故又被称为"戈壁钢城"，并因此而享誉中外。1965 年设市，1971 年经国务院批准为省辖市，是全国四个不设市辖区的地级市之一。行政区划面积 1224 平方公里，建成区面积 70.4 平方公里，常住人口 31.6 万人，城市化率 93.4%，荣获全国文明城市、中国优秀旅游城市、国家卫生城市、国家环保模范城市、国家园林城市、全国双拥模范城"六连冠"等多个国家级名片。

嘉峪关历史文化悠久，自汉武帝在河西设四郡（武威、张掖、酒泉、敦煌）、据两关（阳关、玉门关）以来，因地理形胜之便，成为中原通西域必经之地、各民族文化交汇之处，霍去病、张骞、唐玄奘、马可·波罗等在这里留下历史足印。至明朝构筑关城达于极盛，成为明长城西端第一重关，素有"天下第一雄关"之称。旅游资源门类齐全，境内有世界文化遗产——嘉峪关关城、地下画廊魏晋墓群、"西部八达岭"之称的悬壁长城、万里长城第一墩、讨赖河大峡谷等一批自然景观和人文景观。

嘉峪关市被列为"全国旅游标准化示范城市"和"国家全域旅游示范区试点城市"。嘉峪关市是中国铁人三项运动训练基地和专业赛场，是国际铁人三项赛和全国汽车场地越野赛重要举办地，有西北一流的体育场馆，是举办国际、国内重大体育赛事理想的"体育之城"。

城市标志"雄关之光"雕塑总高 39 米，系不锈钢材料制作而成，寓意嘉峪关市将依托酒泉钢铁公司，快速发展，并立足河西走廊展现雄关之美，成为西部的城市明珠。

多年来，嘉峪关市的经济建设取得了长足发展，现已基本形成了以冶金工业为主导、商贸旅游业为支柱、城郊型农业为特色的经济发展格局。公路、铁路、航空运输四通八达，呈立体交通格局,是河西走廊的重要交通枢纽。城市现代化气息浓厚,功能完备,经济质量较高,人民生活水平在全省处于领先地位。

这,就是嘉峪关,一个集古丝路文化和长城文化为一体、融古今文明于一身的一座美丽的现代化城市。今天,它像一颗璀璨的明珠镶嵌在茫茫戈壁;明天,它将成为中国西部令人神往的旅游胜地和投资热土。

2.5.2　嘉峪关关城

嘉峪关关城是明代万里长城西端起点，它以雄伟壮观著称于世，素有"天下第一雄关"之称。又因其据两山、扼咽喉，既是古代河西重要的军事防御建筑，又是东西往来的交通要道，因此被称为"西襟锁钥""河西第一隘口"。

公元 1368 年，朱明王朝建立以后，为了彻底肃清元朝残余势力，于洪武五年（1372 年）派征虏大将军冯胜率兵西征，在河西走廊大败元军，选中了嘉峪山西麓的嘉峪原，在此筑土城镇守。自冯胜筑土城至建成嘉峪关，历时 168 年，是明代万里长城诸多关隘中保存最完整的一座。

嘉峪关关城布局合理，建筑得法，有三重城郭，多道防线，城内有城，城外有壕，形成重城并守之势。它由内城、瓮城、罗城、城壕及三座三层三檐歇山顶式高台楼阁建筑和城壕、长城峰台等组成。

戏台是清乾隆五十七年（1792 年）守城官兵和城内居民以及过往商旅等的娱乐场所，戏台的顶部绘有八卦图，两侧绘有一组风情壁画，以及用砖砌成的对联："离合悲欢演往事，愚贤忠佞认当场"，外檐下悬"篆正乾坤"匾额。

关帝庙是关城庙宇建筑中规模最大的，最早建于关城内城，明末清初由内城迁至现处，庙内原有大殿一座，陪殿两座，另有过厅、刀房、马房和牌楼。现仅存牌楼。

内城和瓮城的总体布局是对称的。首先是东瓮城，它的门额刻有"朝宗"两字，也称"朝宗门"，表示不忘朝廷，忠于君王。这座方城就像一个大瓮，护住了内城的城门，使来犯之敌有进无出，是为"瓮中捉鳖"。与之相对的西瓮城，同为正方形，门楣刻有"会极"两字，取自《韩非子·解老》中"其智深则其会远，其会远则众人莫能见其所极"，以使边陲的少数民族领会朝廷的怀柔政策。东西瓮城均辟门南向，虽与内城墙迂回衔接、浑然一体，却不与内城门直通，成为内城的一道重要防线，不仅使内城易守难攻，也使内城显得更加肃穆幽深。

内城的东门为光化门，面向东方，有"旭日东升，华光普照"之意。进入光化门，就是关城的心脏——内城。内城全长 640 米，面积 2.56 万平方米。墙高 9 米，由 6 米高的黄土夯筑基底及其上 3 米高的土坯垒砌墙构成，墙上外侧有 1.7 米高的青砖砌垛墙，垛墙上有相间分布的垛口和瞭望孔各 133 个。西城墙垛口之间设灯槽，供夜间士卒放置灯火用。灯槽下均有一斜坡式的射击孔。在内城中部的北墙下有一个坐北向南的院落，这就是嘉峪关关城的军事指挥机关——游击将军府，也称"游击衙门"，它始建于明隆庆二年（1568 年）。

在光化门北侧城台与东城墙衔接处的拐角墙，俗称"燕鸣壁"，在此处以石相击，即发出"啾啾""叽叽"之声，仿佛归巢燕子窃窃私语而得名。自建关以来，因人们不明其理，便附会有"击石燕鸣"的传说。相传当初关城内有一对燕子筑巢而居，每天早起双双出外觅食，日暮而归。一天傍晚，一只燕子先归，城门尚开。另一只燕子后至，则关门已闭，无法进入城内，遂触城而死，其精灵不灭，所以永作燕鸣之声。据说戍关将士每次出征前，都在此处击石以卜吉凶。这只是传说而已。真正的原因，是因为关城建筑精巧，两面砖砌墙成90°夹角，收分明显，勾缝严密，状似喇叭，击石之声通过夹墙回音即成燕鸣之声。

燕鸣壁北侧有斜坡马道可登上城墙。登上城墙即遇光化楼，光化楼与两墙上的柔远楼一线对称，形制统一。内城墙四角有方形角楼，亦称戍楼，是当时守城士兵放哨之所。逾角楼至南北墙之中间，即遇敌楼，系置兵器之所。从南城墙南望，有"明墙"与南外城相连，向南延伸至讨赖河墩；从北城墙北望，自外城东北角闸门墩起，沿嘉峪山内侧有一"暗壁"向北伸展，经戈壁滩、石关峡堡到黑山腰。

从南、北墙绕行至柔远楼，但见西瓮城会极门楼后边的一处狭窄檐台上，放着一块砖，这里流传有"定城砖"的故事。传说明正德元年（1506年），兵备副宪李端澄负责修建嘉峪关城楼，当地名匠易开占承包修建工程后，立即开始设计和备料。由于用料需从17公里外的黑山下运来，易开占对用料进行了详细的计算。负责监工的校尉郝空（一说名为卢福）为人心狠手毒，又想在工程中发笔横财，便想刁难易开占。他问易开占工程需多少块砖，易答道："需九十九万九千九百九十九块"，郝空遂说："好！如数给砖，由你指挥使用。要是剩一块或缺一块砖，定斩你不饶，并罚众工匠苦役三年。"易开占当即应允，并精心计算施工。工程完成后，正好只剩下一块砖，易开占遂将该砖置于西翁城门楼的后檐台上。当校尉要将他定罪时，易开占说这块砖是专门制作的定城砖，如果将砖取掉，全城顷刻就要倒塌。校尉无可奈何，七七四十九天后得气臌而死。从此这块砖就放在了檐台上，以示对劳苦功高的工匠们的纪念。

出柔远门、会极门，即到关城最西边的罗城。罗城是迎敌的正墙，外有底基厚25米、上阔5.3米、高10.5米的砖包城墙。基底以坚硬的麻子石石条砌筑，极为坚固，墙正中设正门，是古代进关的第一道正门，上嵌有乾隆皇帝所题"嘉峪关"三个字。罗城南北两端各建一箭楼，与柔远楼、光化楼中轴对称。传说当年建楼时因工匠难觅，又无法解决高空脚手架问题，工匠张季从孩童的堆沙游戏中得到启示，在城台上筑一高17米的巨型土堆，从顶端向下建筑城楼，因此有"万丈高楼从顶起"的传说。楼内原供腊八神，上悬左宗棠于清同治十二年（1873年）题写的"天下第一雄关"匾额。可惜的是，1931年4月，原国民党三十六师师长马仲英部队遭马步芳部队袭击而败走新疆，又于同年9月为新疆主席金树仁部队兵败而退回河西，途经嘉峪关期间，拆毁了嘉峪关楼，匾额无存。现存嘉峪关关楼系1987年6月按原式样重修。出嘉峪关门即到关外。城外不足2米处有一道城壕，叫护城沟。壕外有一道1米高的土堰壕墙。距关城十余米处，还有一道砂砾堆成的月牙形小丘，称"月牙城"，月牙城西曾设有梅花六角坑，俗称"绊马坑"。这样，敌兵若想攻入关内，至少要经过外壕墙、外壕、绊马坑、月牙城、壕墙、护城沟、嘉峪关门、会极门、柔远门、光化门、朝宗门、东闸门等十二大关口，如此坚固的城池在别处罕见，实为"天下雄关"。出关城往西 165.7 米处，立有甘肃镇总兵李廷臣于清嘉庆十四年（1809 年）视察嘉峪关时所书并题刻的一座"天下雄关"碑。

每当夜幕降临，嘉峪关上灯火通明，把关城装点得金碧辉煌，更增添了嘉峪关雄宏壮观的磅礴气势。

2.5.3 万里长城第一墩

长城第一墩，又称"讨赖河墩""头墩"，位于嘉峪关明墙最南端、讨赖河北岸高达 56 米的悬崖峭壁上。它是肃州西长城的尽头，距嘉峪关 7.5 公里，是明代万里长城最西端的第一座墩台，因此被称为"万里长城第一墩"。

该墩台是肃州兵备道李涵于明嘉靖十八年至十九年（1539—1540 年）下令建造的。墩台筑于长城内侧约 2 米处，原长、宽、高各 14.5 米，系黄土夹沙夯筑。因历经风雨，讨赖河北岸下部塌毁，使墩台依壁而立，更显雄险。现残存的墩台长宽各保持未变，高仅存 7 米，底部呈不规则正方形，上部呈正方形，边长为 6 米。为保护墩台，墩台的外边设立了护栏，并在北侧修筑了 30 多米长的仿古城墙，讨赖河中又修通了水流改道河床和导流坝，使其避免了河流冲刷的威胁。

明代嘉峪关内外共有墩台 39 座，分大墩台和小墩台，每墩 5～7 人、多则 30 余人戍守，以举放烟火和鸣炮来通报敌情，传递军事信息。其中讨赖河墩担负着传递嘉峪关以南至祁连山方面军事信息的任务，在古代军事报警中起过重要的作用。为重现当年的景致，2003 年建成了集观光、探险、休闲、娱乐、怀古游学于一处的长城第一墩旅游景区，占地面积约 3.58 平方公里，由仿天然洞穴式的地下谷、无动力滑索、讨赖客栈、观景平台、仿古兵营、跨河吊桥、世纪龙林、醉卧沙场雕塑等组成。在此可饱览皑皑祁连雪峰、险峻的峡谷胜景、神秘的大漠奇观、碧波清澈的讨赖河水、横亘于戈壁之上的古长城……夕阳晚照，尽显"大漠孤烟直，长河落日圆"的景象，使游客倍感西部的苍凉、浑厚与深邃。

地下谷为仿天然洞穴式建筑，总面积为 1200 平方米，有"长城"基础和"地宫"遗迹，四壁饰物在灯光的映衬下显得扑朔而神秘。

滑索长 302 米，高 50 余米，不用 40 秒即可滑到河对岸，可谓惊心动魄，富有刺激感。

讨赖客栈为茅檐泥壁的建筑，占地面积 900 平方米，是极具野趣的院落，不但显得纯朴自然，而且具有河西古代居民的特点。

观景平台高 50 余米，整个平台为钢化玻璃建成，身居其上，使人产生一种难以言喻的恐惧感。

仿古兵营门楼高耸，火炮、战车一应俱全；点将台旌旗猎猎、鼓声隆隆，逼真地呈现了古代兵营的状况，使人仿佛置身于烽火连天的古战场。

吊桥全长 128 米，飞架于河谷之上，桥下湍流不息的讨赖河水和桥面的荡漾，使游客体验到无限的惊险与刺激。

"醉卧沙场"雕塑展现出的战马嘶鸣、羌笛悠悠，让人不禁思绪万千。"醉卧沙场君莫笑，古来征战几人还"，再现了戍边士卒的豪迈情怀。

在讨赖河墩东北侧的戈壁上，还有一处堪称世界之最的景观，细心的游客可能早已发现莽莽戈壁上那点点新绿，那就是"中华世纪龙林"。它是由旅日华侨常嘉煌先生策划、嘉峪关市政府实施的一项环保工程。1999 年 12 月，中华世纪龙林在长城第一墩定桩后，以我国唐代书法家怀素草书"龙"字字体为模型，用消防车在戈壁滩上喷洒出了"龙"这个汉字。占地面积 0.8 平方公里，沿着"龙"字字形开挖长 800 米、宽 1 米、深 0.6 米的树沟，回填土方，种植槐树、沙枣树、红柳等西部独有的树种，通过树木使巨大的"龙"字呈现在西北大地上，游客可步行其中或乘坐小型飞机从空中看到这一雄伟壮观的人造景观，为目前世界上书写于大地上最大的汉字。

2.5.4 悬壁长城

说到嘉峪关，人们首先就会想到长城。嘉峪关长城是古代中国军事防御体系中很重要的组成部分，它以关城为核心，在其四周延伸出不同段的长城支线及大大小小的墩台，其中向北延伸，就是我们所熟知的悬壁长城，它们共同构筑成了嘉峪关独有的长城风景线与文化魅力。

悬壁长城位于嘉峪关关城北 7.5 公里处的嘉峪关黄草营村西，地处石关峡口北侧的黑山东坡，是肃州西长城的北端。因城墙自山底蜿蜒而上，筑于约 45°的山脊之上，形似凌空倒挂，俗称"悬壁长城"。

石关峡又名水关峡，它的南面是白雪皑皑的祁连山，北面是高耸入云的黑山。断壁长城和悬壁长城是嘉峪关西长城的重要组成部分，明嘉靖十九年（1540 年）由肃州兵备道李涵监筑。断壁长城居于黑山峡口之南，为东西走向。悬壁长城在峡谷的北面，为南北走向，城墙陡峭直长，气势雄伟，垂若悬臂。这两条长城形成拱卫之势，共同扼守黑山峡口。

这里西汉初设玉门关，后关移至敦煌小方盘城一带后，改名玉石障，故有"先有石关峡，后有嘉峪关"之说。

悬壁长城原墙现只余一截，底阔 4 米，上宽 2 米，高 0.5 ~ 6 米不等。片石层厚10 ~ 15 厘米，土层厚 10 ~ 12 厘米。现存的 750 米长城经 1987 年重修，其中有 231 米城墙悬挂于高 150 米、倾斜度为 45°的山脊上，高达 6 米，片石、土层厚度如旧。在墙头增筑垛墙和宇墙，首尾各添筑一墩台，在首墩和山坡上筑台阶式漫道。游人拾级而上，平坦处如履平地，险峻处如攀绝壁，颇似北京八达岭长城。有诗赞云："万里长城万里关，叠障黑山暗壁悬。"

在古代，石关峡内水草丰美，是狩猎和放牧的好地方。汉代开辟的丝绸之路，逐水而开，逐水而进，因这里水草丰茂，被辟为"丝绸之路"主要的交通要道。西汉初年在西陲最早建立的玉门关，就是我们眼前的石关峡。汉代从令居（今永登）的西北，经居延海、金塔、酒泉、嘉峪关北，延至玉门、安西、敦煌，直至罗布泊，修筑了河西到新疆的长城，称作"塞"，石关峡是连接"塞内"与"塞外"的主要关隘。汉武帝为西陲战略西迁石关峡"玉门关"至敦煌以西后，在石关峡设"玉石障"，以拒戎狄于黑山外围。汉初的出入"玉门关"，就是指出入石关峡。到唐及五代时，在黑山脚下再置玉门关，直到宋代，石关峡也是西出玉门关的咽喉要道。明嘉靖十八至十九年，为进一步加强石关峡的拒外功能，肃州兵备道李涵监筑了南起讨赖河，北到石关峡口的 15 公里西长城，又修筑了悬壁长城，形成了独具特色的军事防御工事。

石关峡不仅是"丝绸之路"的通衢要口，也是明长城西陲防御体系的军事要塞，这里不仅折射出丝路文化的耀眼光芒，也沉积着长城文化的深厚底蕴。为了深入挖掘和充分展示两种文化交相辉映的深刻内涵，嘉峪关市委、市政府开发建设了"石关峡——悬壁长城旅游景区"。"龙门锁石峡，黑山映绿洲"的壮观美景会令游客为之深深陶醉。

　　悬壁长城景区自身的独特性和精奇性体现着长城文化，黑山峡原始荒蛮的自然风貌和厚重的历史感体现着博大的丝路文化，黑山岩画的古老、多样和神秘，体现出了三者在西部旅游资源中独特的资源价值。古丝路文化贯穿整个景区，有"北漠尘清"石刻、"丝绸古道"雕塑群和黑山、戈壁、河道、溪流、鱼池等自然景观，游客可以骑骆驼、乘马车、体验峡谷漂流；有悬壁长城古代军事防御体系，登临长城可以感受石关峡及大漠戈壁的壮观；游客还可以享受烧烤、茶饮、棋牌娱乐等休闲服务。

2.5.5　七一冰川

这里是亚洲内距离城市最近的冰川——七一冰川。

七一冰川位于甘肃省张掖市肃南裕固族自治县祁丰藏族乡的祁连山腹地，嘉峪关西南116公里，从酒泉或嘉峪关出发约两小时即可到达七一冰川脚下的营地。营地海拔3700多米，向前爬行5公里，即可到达海拔4300米的冰舌前沿。从"七一冰川"石碑处仰首望去，蓝天白云下一片晶莹耀眼的冰雪世界，七一冰川斜挂在坡度小于45°的山坡上，全长3公里左右。冰层平均厚度78米，冰峰海拔5150米，最厚处120米，年储水量为1.6亿立方米，融水量70万~80万立方米，成为一大固体淡水水库。

祁连山是河西走廊南侧的一群平行排列的褶断块山脉，长900~1000公里，海拔多在3000米以上，其中5000米以上的高峰有26座。祁连山为古代匈奴语，意本为"天山"，极言其山峰耸入天际。山峦共有冰川3066条，总面积2062.72平方公里，为典型的高原冰川。冰川储量达1145亿立方米，其融水为河西走廊绿洲生成的水源基础，被誉为"高山水库"。七一冰川只是祁连山众多冰川中的一处。

七一冰川形成于约2亿年以前，终年积雪，"青山不老，为雪白头"是它生动的写照。

冰川是怎么形成的呢？冰川存在于极寒之地。地球上南极和北极是终年严寒的，在其他地区只有高海拔的山上才能形成冰川。我们知道越往高处温度越低，当海拔超过一定高度，温度就会降到0℃以下，降落的固态降水才能常年存在。这一海拔冰川学家称之为"雪线"。在南极和北极圈内的格陵兰岛上，冰川是发育在一片大陆上的，所以称为"大陆冰川"。而在其他地区冰川只能发育在高山上，所以称这种冰川为"山岳冰川"。在高山上，冰川能够发育，除了要求有一定的海拔外，还要求高山不要过于陡峭。如果山峰过于陡峭，降落的雪就会顺坡而下，形不成积雪，也就谈不上形成冰川。雪花一落到地上就会发生变化，随着外界条件和时间的变化，雪花会变成完全丧失晶体特征的圆球状雪，称之为"粒雪"，这种雪就是冰川的"原料"。积雪变成粒雪后，随着时间的推移，粒雪的硬度和它们之间的紧密度不断增加，大大小小的粒雪相互挤压，紧密地镶嵌在一起，其间的孔隙不断缩小，以致消失，雪层的亮度和透明度逐渐减弱，一些空气也被封闭在里面，这样就形成了冰川冰。冰川冰最初形成时是乳白色的，经过漫长的岁月，冰川冰变得更加致密坚硬，里面的气泡也逐渐减少，慢慢地变成晶莹透彻，带有蓝色的水晶一样的冰川冰。

冰川冰在重力作用下，沿着山坡慢慢流下（当然流的速度很慢），就形成了冰川。七一冰川景观奇特，远望似银河倒挂，白练悬垂；近看则冰舌斜伸，冰墙矗立，冰帘垂吊，冰斗深陷，神秘莫测。冰川处修建有5公里人行山道，立有"青山不老，为雪白头"纪念碑。七一冰川旅游区域约4平方公里，每到夏秋季节，冰峰在蓝天丽日下分外晶莹耀眼，但见冰舌处冰雪消融，水流四注与潺潺的溪流以及绿草如茵、鲜花盛开的高山牧场，共同构成一幅恬静而又充满生机的迷人画卷，瀑布飞泻，声震山谷。山坡上时有雪鸡栖息，雪莲与冰晶争芳斗艳；山下草坡上则牛羊遍野，牧人的帐篷中炊烟袅袅，给人以勃勃生机之感。由于冰川海拔较高，游客登临时常常会遇到阴、晴、雨、雪等天气，在一日之内经历四季，堪称一生中难忘的体验。七一冰川还以"亚洲距离城市最近的可游览冰川"被编入了部分高等院校旅游专业的教科书中。

无论如何，这里是一个与您熟悉的一切截然不同的世界，也正因此，它每年吸引着无数的登山爱好者和观光客前来一游。驻足山巅，感慨油然而生。冰雪与冰川经历了亿万年的生死轮回，在阳光照射下融化为山谷中的涓涓细流，带给登临者生生不息的希望和信念。人生何尝不是一次又一次的登山，很多时候你会觉得难受，失去动力，甚至放弃前行。但如果坚持下去，你就会登上心中的山峰，步入理想的境界。

目前，我国科学家通过实地观测和分析发现，祁连山七一冰川正逐渐萎缩。由于七一冰川物质出现严重的负平衡，即冰雪消融量远远大于积累量，亏损强烈，冰面出现显著的减薄状态。冰川消融区和积累区面积的扩张和缩小，影响到冰川零平衡线位置的升降变化。

专家指出，七一冰川物质平衡由正平衡到稳定再到近两年的巨大负平衡和零平衡线的上升过程，强烈反映了在全球变暖背景下冰川对气候变化的响应过程。计算结果也显示了气候变暖在冰川物质循环中的作用，如果气候变暖趋势继续，冰川物质平衡负值将增大、冰面减薄和雪线升高，冰川的萎缩还将会继续下去。

2.5.6 新城魏晋壁画墓

1982 年中华全国集邮联合会第一次代表大会上，原邮电部发行了一张"驿使图"明信片，从此"驿使图"成为中国邮政的"形象大使"。原国家邮政储汇局于 1994 年起发行首款全国通存通兑银行借记卡性质的储蓄绿卡，卡面又选用了这幅"驿使图"。"驿使图"成为全国邮政的标志。画面中，一个邮驿使骑在红鬃马上，头戴进贤冠，身穿右襟宽袖衣，足蹬长靴，左手举木牍文书，右手持马缰，驿骑四蹄腾空，信使则稳坐马背飞奔传递。这幅有名的"驿使图"就出自嘉峪关新城魏晋墓的五号墓。

新城魏晋墓址在甘肃嘉峪关市东北戈壁滩上。古墓群分布长达 20 多公里。1972 年发掘清理了其中 8 座墓，6 座墓中均有壁画，共有画面 600 余幅，绝大部分保存完好，有的色泽如新。多为家族式聚葬墓地，其墓室结构多为二室、三室迭造砖墓，墓内有多层彩绘装饰，少则三五层，多则十多层，有拱形斜坡式墓道相通，墓门有雕刻着各种图案或彩绘的方砖，墓室的地面铺有各种花纹的砖块，而墓室的墙壁上则是有着各种图案的壁画砖，多为一砖一画，也有半砖一画和多砖组成的面，有"地下画廊"之称。

从狭窄的甬道进入，在那重重叠叠、突然降落的画幅中，你仿佛是其中小小的一部分，只是单纯的色彩或者线条，它们的隐喻，包含了整个世界和人类对世界的认知。苍龙、白虎、朱雀、玄武，天之四灵，以正四方，王者制宫阙殿阁取法焉。而那些多者达十余层的嵌雕砖或彩画砖，斗拱、侧兽、托梁力士、托梁兽、鸡首人身、牛首人身、雷公等造型，古人认为他们就是宇宙秩序的维护者。一幅幅色彩斑斓、美轮美奂的画面带着最原古的信息，从无尽的黑暗中走了出来。农耕、狩猎、宴饮、出行、伎乐、庖厨，这一个又一个散发着喧腾气息的生活场景，我们竟然不觉得陌生，就像是人们期待已久的某家宅院，门虚掩着，丝弦之声犹在，这是一个真实却又无法辨认的世界。

这是在偏远的绿洲深入地下十多米的墓穴，这是远古的人们为自己的灵魂选择的栖息地。走进这座魏晋墓穴，就是打开了另外一个世界的大门。

壁画砖画像上下分层排列，内容丰富，有的为了表现一个完整的故事情节以连环画的形式展现，用数块画砖组合，形象地描绘出社会生产和生活场景。画砖设色大多采用勾填的画法，一般用土红色起稿，然后用墨线勾出轮廓，再用赭石和红色填入色彩。构图活泼鲜明，造型简练，色调明快，赋予生活气息和民族风格。

嘉峪关魏晋墓为研究古代河西地区的政治、经济、军事、文化、民族融合、生活方式、气候等提供了可靠的实物依据。由于魏晋时期特殊的社会环境，使这一时期中国的绘画文献记载非常零星、简略，绘画的实物资料更是凤毛麟角，墓葬群的发现则填补了中国绘画史的一大空白，成为中国绘画史上的重要发现和补充。

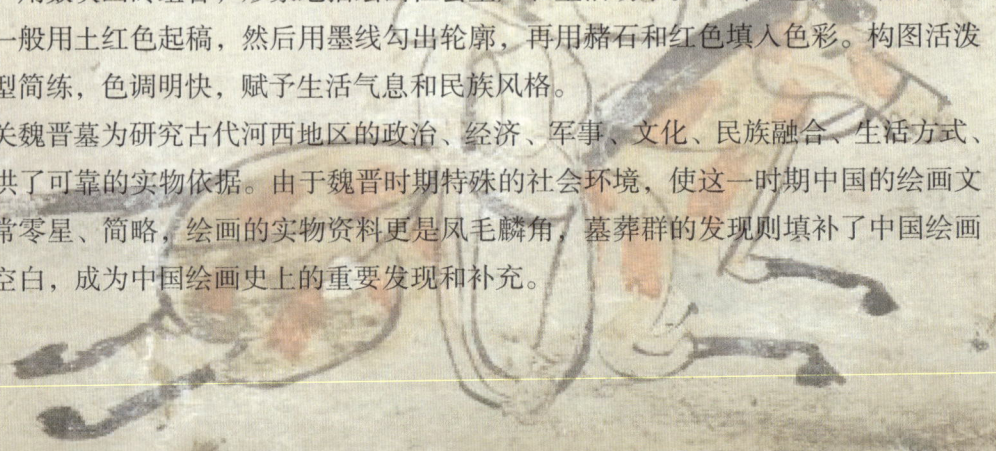

2.5.7 紫轩葡萄酒

紫气东来，轩然出彩！

紫轩葡萄酒庄园地处"丝绸之路"中西结合部、万里长城西端的嘉峪关市，是我国西北地区最大的钢铁基地——酒泉钢铁（集团）有限责任公司下属嘉峪关宏丰实业有限责任公司投资兴建的以葡萄酒酿造为主的企业。

紫轩葡萄酒庄园总占地面积为 65.4 万平方米。庄园自 2005 年 6 月 17 日开工建设以来，建有压榨、发酵、储酒、灌装、研发中心等具有国际先进水平的葡萄酒生产设施，主要设备引进了法国压榨机、德国错流过滤机、意大利灌装生产线、法国和美国橡木桶，其中 13700 平方米的紫轩 1 号窖是目前亚洲单体面积最大的葡萄酒酒窖，同时建成的还有饮料生产线和装备精良的葡萄酒研发中心。

紫轩葡萄酒庄园于 2010 年 4 月正式被文化和旅游部评定为国家 AAAA 级工业旅游景区。庄园在酿酒为核心功能的基础上，以葡萄酒的八个酿制基本步骤为主要内容，即收获→去梗→榨浆→发酵→硫化处理→混合酒→装瓶→封瓶。围绕"葡萄酒"这一主题，以欧洲小镇的建筑风格为蓝本，配备会员制小型高级休闲会所、主题休闲区、专业地下酒窖和鉴赏中心等特色功能区。

地下酒窖是亚洲单体结构最大的酒窖，该酒窖占地面积为 13700 平方米，其内部按照国际葡萄酒窖藏标准精心设计，采用欧式风格考究装修，可放置 2.1 万个标准橡木桶（225 升 / 桶），陈酿窖藏优质原酒 5000 吨，目前已购置 7000 个 225 升橡木桶和 52 个 5000 升橡木桶。酒窖由葡萄酒文化展示区、品酒区、藏酒区、演播厅、休闲厅、酒吧等组成，在这里游客可以团体或个人认购瓶装酒、橡木桶储存的葡萄原酒等。

灌装车间有从意大利百特拉索公司引进的每小时 7000 瓶全自动葡萄酒灌装生产线，是世界一流的葡萄酒灌装设备。该生产线由空瓶卸垛机，冲瓶、灌装、打塞三连体机，干燥机，热缩帽机，贴标机，纸箱成型机，装箱机，封箱机，码垛机等相关设备组成，从空瓶上线到成品下线一气呵成。

在发酵储酒车间内，16 米多高、容积从 30 ~ 360 吨不等的 169 个大型不锈钢发酵罐、储酒罐和保温冷冻罐，竞相林立。

紫轩 5 万亩葡萄庄园地处祁连山北麓亘古荒芜、无污染的戈壁滩，这里终年气候干燥，少于 100 毫米的年降雨量和多于 2500 毫米的年蒸发量，使这一地区的葡萄不受病虫害的侵扰。钾、钙含量极高的沙砾土壤，与波尔多地区的葡萄种植地极其相似，完全符合高质量酿酒葡萄对土壤高钾、高钙、低肥力的要求。日照充足，昼夜温差大，合适的有效积温使这一地区的葡萄积累了非常和谐的含糖量和含酸量；引自祁连山千年冰川的清澈雪水，质地甘醇，富含养分。经过精心选择的世界著名酿酒葡萄品种赤霞珠、美乐、黑比诺、霞多丽、雷司令、威代尔、佳美等，全部采用全球领先的以色列灌溉技术以及科学的施肥技术和全方位立体的科学栽培，表现十分优越，形成了国内酿酒葡萄种植的黄金产带。游客可以亲身体验采摘有机葡萄、学做酿酒师的乐趣。

"紫气通大道，轩辕肇华夏。"紫轩葡萄酒庄园将紧紧把握时代发展潮流，秉地理之赋，承文明之脉，展汉唐风韵，酿盛世传奇，共创美丽世界，共享和谐生活，努力将紫轩葡萄酒庄园打造成甘肃和全国乃至全球的一张亮丽名片。

2.5.8　舌尖上的嘉峪关

说到嘉峪关的美食，首当其冲的当属嘉峪关的烤羊肉，肉质鲜美，细而不膻，肥而不腻，这也成就了嘉峪关人喜欢吃羊肉的饮食特点。将羊肉切成肉片穿在铁签上，在炭火上稍微烤一下，去掉一部分水分后，刷上用羊尾巴熬出来的羊油，在火上继续烤，当肉微微冒油的时候，依次撒上孜然粉、盐和辣椒粉，在火上不断地翻烤，大概三五分钟，一把色香味俱全的烤肉串就出来了。除了烤羊肉，还可以烤羊肚、烤羊心、烤羊肝、烤羊排、烤羊脑、烤羊蹄、烤羊腰，只要是羊身上能吃的，都能烤炙。

新城镇土地肥沃，日照时间长，昼夜温差大，气候干燥，属典型的戈壁沙漠气候，适宜于多种农作物的生长，尤其有利于洋葱等鳞茎类蔬菜作物干物质的积累，也是甘肃省优质洋葱的主要产地。泥沟胡萝卜是嘉峪关市新城镇的特产。泥沟胡萝卜味道脆甜、形状整齐、色泽光亮，享誉嘉酒各大市场，为国家农产品地理标志保护产品。

嘉峪关市新城镇野麻湾村种植西瓜历史悠久，在西瓜种植方面积累了先进的技术和丰富的经验。近年来，通过最初的露地土垄种植栽培方式到现在的一砂、一砂一膜、一砂两膜、三膜覆盖等种植模式的改进以及品种的更新换代，产量和品质得到大幅度提高。"嘉峪关野麻湾西瓜"先后获得了省级无公害产地认定、农业农村部无公害产品认证和农业农村部地理标志登记。

炮仗面。拉面出锅后不带汤，用刀切成短条，倒入用粉丝、肉末、辣椒和少量菜做好的混菜锅内混炒而成。出锅前的制作等同于拉面的制作，出锅后的混炒法又相近于炒面片的混炒，但口味与两者各不相同。先长后短，先煮后炒，面菜混一。

粉蒸牛羊肉，有 1000 多年的历史，以鲜肥牛、羊肉和面粉为原料，花椒、茴香等 13 种西部产的调料磨粉腌制入味后，经武火、文火蒸制而成，故称"粉蒸牛羊肉"。食的时候佐以生蒜，也可用发面荷叶饼夹食，食后，再品一杯熬制的砖茶，既助消化，又清心利口，回味无穷。

猪头梨又名鬼头梨，是河西走廊梨中珍品，果实呈圆形，果皮粗糙，果汁多而味甜蜜，略带酸味，风味极佳。

在西部的古河床沙与砾石的戈壁滩上，簇生一种头发丝一样的菜，名为"发菜"。每两一百多元的昂贵价格，使其成为不可多得的美食。在节日的金盘银盘中把犹如春蚕吐出的黑丝，当作鸟巢浇铸火焰的圣餐，"发菜"，谐音"发财"，戈壁人会把发菜当作阳光和金子的麦穗捡拾。

2.6 文化圣地 艺术之都——敦煌

2.6.1 敦煌概况

敦煌市位于甘肃省河西走廊最西端，地处甘肃、青海、新疆三省交汇处，位于党河和疏勒河下游最大的绿洲上，为"丝绸之路"西出玉门关和阳关的主要门户。

敦煌古称"三危"。《都司志》载："三危为沙州望山，俗名羿雨山，在县城东南三十公里。三危耸峙，如危卵欲坠。故云。"至今敦煌市城东南有三个巍峨奇特的山峰，就是古代的三危，今仍称三危山。

敦煌三危山东西绵延数十里，主峰隔大泉河与鸣沙山相望。三危山是敦煌文明历史的发源地，据《山海经》记载，三危山是神鸟"三青鸟"的居住地。三青鸟是为神话人物西王母取食的童子，据《尚书》记载，舜"窜三苗于三危"，原住于洞庭湖、鄱阳湖之间的三青部落，在当时的部落战争中战败，一部分以三鸟为图腾的三苗人被流放到了三危山，成为历史上有文字记载以来最早的敦煌居民，也由此翻开了敦煌灿烂历史的第一页。

敦煌的历史古老而久远。"敦煌"一词最早见于《史记·大宛列传》，东汉应劭解释"敦，大也；煌，盛也"，取"盛大辉煌"之意。历史上的敦煌曾是中西交通的枢纽要道，"丝绸之路"上的咽喉锁钥，对外交往上的国际都会，经营西域的军事重镇，在中华历史的长卷上占有光辉的篇章。

在距今约 4000 年前，相当于舜禹时的上古时期，敦煌地区就有人类的先民在这里繁衍生息，成为敦煌历史上最早的居民。在我国夏、商、周时期，这里就有属于玉门火烧沟文化类型的羌戎居住。

春秋时期，月氏、乌孙驻牧。西汉初为匈奴所占。汉武帝时设敦煌郡，为河西四郡之一。晋时为沙州州治。公元 400 至 405 年，敦煌为西凉国（李暠所建）国都。北魏初，置敦煌镇，后置瓜州，均以敦煌为治所。北周改为鸣沙县。隋复置敦煌郡。唐武德初改为西沙州，贞观七年（633 年）改成瓜州，建中二年（781 年）陷于吐蕃。大中五年（851 年），敦煌人张议潮收复瓜、沙二州，自此，敦煌在归义军统治下，至宋仁宗年间（1022—1063 年）。宋至清雍正年间一直称沙州。清乾隆二十五年（1760 年）改名敦煌县。1987 年撤县设县级市。

世界文化遗产和全国重点文物保护单位莫高窟位于敦煌城东南 25 公里，是世界上现存规模最宏大、历史最悠久、内容最丰富、保存最完好的佛教石窟艺术宝库。鸣沙山位于敦煌市南郊 7 公里处，古代称神沙山、沙角山，高数十米，山峰陡峭，势如刀刃，"沙岭晴鸣"为敦煌一景。月牙泉月牙之形千古如此，恶境之地清流成泉，沙山之中不淹于沙，传说古潭老鱼食之不老。作为汉代河西四郡之一的敦煌同时拥有汉武帝"据两关"的玉门关和阳关遗址。敦煌雅丹国家地质公园，地处敦煌西 200 公里处，因其怪异特点，故称"魔鬼城"。敦煌古城再现了唐宋时期西北重镇敦煌的雄姿，被称为"中国西部建筑艺术的博物馆"，是中国西部最大的影视拍摄基地。阳关位于敦煌市西南 70 公里外的阳关镇境内，为汉武帝开辟河西"列四郡，据两关"的两关之一，自古为"丝绸之路"西出敦煌，通西域南道的必经关卡，西部边境之门户。唐代诗人王维"渭城朝雨浥轻尘，客舍青青柳色新。劝君更尽一杯酒，西出阳关无故人"的诗词，更使阳关名扬千古。

悬泉置遗址出土了 2.1 万余枚汉简及 3000 余件其他遗物，被评为 1991 年度和"八五"期间全国十大考古发现之一。目前敦煌市共有寿昌城故址、祁家湾遗址及墓葬、佛爷庙—新店台墓群和敦煌南仓等省级文物保护单位 10 处，石窟寺、遗址、墓葬、长城和烽燧等各类文物点近 300 处。

"两关遗迹、千佛灵岩、危峰东峙、党水北流、月泉晓彻、古城晚眺、绣壤春耕、沙岭晴鸣"被称为"敦煌八景"。敦煌与平遥古城、凤凰古城、九寨沟、乌镇、丽江古城、水墨婺源和新疆布尔津白哈巴村共同评为蜜月必去中国最美的八个小镇。

2.6.2　莫高窟概况

　　莫高窟俗称千佛洞，是一座距今 2000 余年、内容丰富、规模宏伟的石窟群，是我国也是世界上现存规模最宏大、历史最悠久、内容最丰富、保存最完好的佛教和石窟艺术宝库，是我国四大石窟之一。

　　莫高窟开凿于敦煌城东南 25 公里的鸣沙山东麓的崖壁上，前临宕泉，东向祁连山支脉三危山，南北全长 1680 米，现存历代营建的洞窟共 735 个，分布于高 15 ~ 30 米高的断崖上，上下分布 1 ~ 4 层不等。分为南、北两区，其中南区是礼佛活动的场所，现存有北凉、北魏、西魏、北周、隋、唐、五代、北宋、回鹘、西夏、元各个朝代壁画和彩塑的洞窟 492 个，彩塑 2400 多身，壁画 4.5 万多平方米，唐宋时代木构窟檐五座，民国初重修的作为莫高窟标志的九层楼，莲花柱石和舍利塔 20 余座，铺地花砖 2 万多块。北区的243 个洞窟是僧侣修行、居住的场所，内有修行和生活设施土炕、灶坑、烟道、壁龛、灯台等，但多无彩塑和壁画。

　　莫高窟各窟均是洞窟建筑、彩塑、绘画三位一体的综合性艺术。洞窟最大者 200 多平方米，最小者不足 1 平方米。洞窟形制主要有禅窟、中心塔柱窟、佛龛窟、佛坛窟、涅槃窟、七佛窟、大像窟等。

　　彩塑内容主要有佛、菩萨、弟子、天王、力士像等；彩塑形式有圆塑、浮塑、影塑等。圆雕、浮雕除第 96 和 130 窟两尊大佛、第 148 和 158 两大卧佛为石胎泥塑外，其余均为木骨泥塑。佛像居中心，两侧侍立弟子、菩萨、天王、力士，少则 3 身，多则 11 身。以第 96 窟 35.6 米的弥勒坐像为最高，小则 10 余厘米，多以夸张的色彩表现人物性格，神态各异。其丰富的内涵，堪称是一部中国古代千年佛教彩塑史。

　　莫高窟壁画绘于洞窟的四壁、窟顶和佛龛内，内容丰富博大，分为佛教尊像画、佛经故事画、佛教史迹画、经变画、神怪画、供养人画像、装饰图案等七类，此外还有很多表现当时狩猎、耕作、纺织、交通、战争、建设、舞蹈、婚丧嫁娶等社会生活各方面的画作，从多方面反映了古代的社会现实生活，为研究我国封建社会历史、文化、政治、经济、科技、军事、宗教、建筑、交通、服饰、乐舞和民俗提供了极其珍贵的形象史料。敦煌壁画中有音乐题材洞窟达 200 多个，大多数洞窟的壁画中几乎都有舞蹈形象，有反映人间社会生活、风俗习尚的舞乐场面和舞蹈形象，有宫廷和贵族燕乐歌舞场景，有天宫仙界的飞天舞蹈形象，堪称舞蹈艺术的博物馆。

　　敦煌石窟壁画保存了中国宋代以前即 10 世纪以前丰富的人物画、山水画、动物画、装饰图案的实例，都有千年历史，自成体系，这是世界各国博物馆藏品所未见的。自十六国至西夏描绘了成千成万座计的不同类型的建筑画，有佛寺、城垣、宫殿、阙、草庵、穹庐、帐、帷、客栈、酒店、屠房、烽火台、桥梁、监狱、坟茔等，这些建筑有以成院落布局的组群建筑，也有单体建筑。壁画中还留下了丰富的建筑部件和装饰，如斗拱、柱坊、门窗以及建筑施工图等。长达千年的建筑形象资料，展示了一部中国建筑史。

据计算，这些壁画若按 2 米高排列，可排成长达 25 公里的画廊，因而被国际上誉为"墙壁上的博物馆""世界上最长的画廊"，是一部跨越千年的"形象历史"。

莫高窟始建于十六国时期，据唐《李克让重修莫高窟佛龛碑》一书的记载，前秦建元二年（366 年），僧人乐尊路经此山，忽见金光闪耀，如现万佛，于是便在岩壁上开凿了第一个洞窟。此后法良禅师等又继续在此建洞修禅，称为"漠高窟"，意为"沙漠的高处"。后世因"漠"与"莫"通用，便改称为"莫高窟"。另有一说为：佛家有言，修建佛洞功德无量，莫者，不可能、没有也。莫高窟的意思，就是说没有比修建佛窟更高的修为了。

敦煌壁画开凿于北朝时期的洞窟共有 36 个，其中年代最早的是第 268 窟、第 272 窟，第 275 窟可能建于北凉时期。窟形主要是禅窟、中心塔柱窟和殿堂窟，彩塑有圆塑和影塑两种，壁画内容有佛像、佛经故事、神怪、供养人等。塑像人物体态健硕，神情端庄宁静，风格朴实厚重。壁画前期多以土红色为底色，再以青绿褚白等颜色敷彩，色调热烈浓重，线条纯朴浑厚，人物形象挺拔，有西域佛教的特色。

西魏以后，底色多为白色，色调趋于雅致，风格洒脱，具有中原的风貌。第 243 石窟中北魏时代的释迦牟尼塑像，巍然端坐，身上斜披印度袈裟，头顶扎扁圆形发髻，保留着犍陀罗样式，是莫高窟发展的全盛时期，现存洞窟 300 多个。壁画题材丰富、场面宏伟、色彩瑰丽，美术技巧达到空前的水平。第 79 窟胁侍菩萨像，上身裸露，作半跪坐式。头上合拢的两片螺圆发髻，是唐代平民的发式。菩萨脸庞、肢体的肌肉圆润，施以粉彩，肤色白净，表情随和温存，更像生活中的真人。

五代和宋时期的洞窟现存有 100 多个，多为改建、重绘的前朝窟室，形制主要是佛坛窟和殿堂窟。从晚唐到五代，统治敦煌的张氏和曹氏家族均崇信佛教，为莫高窟出资甚多，因此供养人画像在这个阶段大量出现。第 61 窟和第 98 窟等，其中第 61 窟的地图《五台山图》是莫高窟最大的壁画，高 5 米，长 13.5 米，绘出了山西五台山周边的山川形胜、城池寺院、亭台楼阁等，堪称恢宏壮观。

西夏修窟 77 个，多为改造和修缮的前朝洞窟，洞窟形制和壁画雕塑基本都沿袭了前朝的风格。一些西夏中期的洞窟出现回鹘王的形象。到了西夏晚期，壁画中又出现了西藏密宗的内容。元代洞窟只有 8 个，出现了方形窟中设圆形佛坛的形制，壁画和雕塑基本上都和西藏密宗有关。

窟前的建筑名为九层楼，因其共有九层而得名，原为四层，晚唐（874—879 年）年间建成五层，宋初（966 年）重修，九层楼是 1935 年建造，它攒尖高耸，檐牙错落，铁马叮咚，已成为莫高窟的标志。

第 16 窟建于唐大中五年至咸通（851—867 年）间。窟前倚崖统建三层木构窟檐，故俗称"三层楼"，为清光绪三十二年 (1906 年) 王道士主持修建，王道士于 16 窟甬道北侧发现藏经洞，后编号为第 17 窟。因此三层楼也是为数不多的窟中窟。第 17 窟又名藏经洞，位于第 16 窟甬道北壁，建于晚唐。十一世纪初叶，由于战乱等原因，大量佛经、佛画、法器以及其他宗教、社会文书等五万多件被秘藏于此，砌墙封门，表层饰以壁画，随着时间的流逝，封门之事渐渐被人遗忘……1900 年（清光绪二十六年）5 月 26 日，这一秘室被道士王圆籙在清理积沙时偶然发现。不幸的是，在晚清政府腐败无能、西方列强侵略中国的特定历史背景下，藏经洞文物被发现后不久，英国人斯坦因、法国人伯希和等西方探险家接踵而至敦煌，以不公正的手段，从王道士手中骗取大量藏经洞文物，致使藏经洞文物惨遭劫掠，绝大部分不幸流散，分藏于英、法、俄、日等国的众多公私收藏机构，仅有少部分保存于国内，造成中国文化史上的空前浩劫。

莫高窟藏经洞的发现，对研究中国和中亚地区的历史，都具有重要的史料和科学价值，并由此形成了一门以研究藏经洞文书和敦煌石窟艺术为主的学科——敦煌学。

1986 年 12 月，敦煌被国家列为历史文化名城。同年 12 月，敦煌莫高窟被联合国教科文组织列入"世界文化遗产名录"。敦煌莫高窟在经历了千百年漫长岁月后，石窟和壁画彩塑在各种自然因素的影响下受到了不同程度的损毁。目前，莫高窟"数字化"的探索成为国际上解决保护和利用世界文化遗产的一个典范。

2.6.3 鸣沙山·月牙泉

鸣沙山位于甘肃敦煌市南郊 7 公里处，面积约 200 平方公里，东起莫高窟崖顶，西接党河水库，是"丝绸之路"上一处神奇瑰丽的旅游景点。

出敦煌城向南，一眼就看到连绵起伏的敦煌鸣沙山，宛如两条沙臂张伸围护着月牙泉。"山以灵而故鸣，水以神而益秀"，敦煌鸣沙山和月牙泉是大漠戈壁中一对孪生姐妹，游人无论从山顶鸟瞰，还是泉边畅游，都会遐思神往，确有"鸣沙山怡性，月牙泉洗心"之感。

鸣沙山沙峰起伏，山"如虬龙蜿蜒"，金光灿灿，宛如一座金山。曾被称为"沙角山"，处于腾格里沙漠边缘，与宁夏中卫市的沙坡头、内蒙古达拉特旗的响沙湾和新疆巴里坤哈萨克自治县境内的巴里坤镇同为我国四大鸣沙山。

敦煌鸣沙山由细沙聚积而成，沙粒有红、黄、蓝、白、黑五种颜色，晶莹透亮，一尘不染。沙山形态各异：有的像月牙儿，弯弯相连，组成沙链；有的像金字塔，高高耸起，有棱有角；有的像蟒蛇，长长而卧，延至天边；有的像鱼鳞，丘丘相接，排列整齐。

"传道神沙异，暄寒也自鸣，势疑天鼓动，殷似地雷惊，九削棱还峻，人跻刃不平。"这是唐代诗人对敦煌鸣沙山奇观的描述。西汉时有鸣沙山好似演奏钟鼓管弦音乐的记载，《后汉书·郡国志》引南朝《耆旧记》云：敦煌"山有鸣沙之异，水有悬泉之神"。清代《敦煌县志》将"沙岭晴鸣"列为敦煌八景之一。

自古以来，由于不明敦煌鸣沙山鸣响的原因，这里有过不少动人的传说。相传这里原是一块水草丰美的绿洲，汉代一位将军率领大军西征，夜间遭敌军的偷袭，正当两军厮杀之际，大风突起，漫天黄沙将两军人马全部埋入沙中，于是这里就有了鸣沙山。据说，敦煌鸣沙山的沙鸣，就来自他们拼杀之声。

天地奇响，自然妙音，所谓鸣沙，并非自鸣，而是因人沿沙面滑落而产生鸣响。极目远眺，敦煌鸣沙山那一道道沙峰如大海中的金色波浪，气势磅礴，汹涌澎湃。细看山坡上的沙浪，如轻波荡漾的涟漪，时而湍急，时而潺缓，时而萦回涡旋，真是跌宕有致，妙趣横生。站在沙海中，天地豁然开朗，心胸顿时开阔，耳边鸣声随之而起，初如丝竹管弦，继若钟磬和鸣，进而金鼓齐击，轰鸣不绝于耳。正是这奇妙的声乐吸引了无数游人，使敦煌鸣沙山名扬天下。

月牙泉被鸣沙山环抱，长约 150 米，宽约 50 米，因水面酷似一弯新月而得名。

月牙形的清泉，泉水湛蓝，如翡翠般镶嵌在金子般的沙丘上。泉边芦苇茂密，微风起伏，碧波荡漾，水映沙山，颇为奇特。相传泉内生长有铁背鱼、七星草，专医疑难杂症，食之可长生不老，故又有"药泉"之称。对于月牙泉千年遇烈风而不为沙掩盖的不解之谜，有许多说法。有人认为，这一带可能是原党河河湾，是敦煌绿洲的一部分，由于沙丘移动，水道变化，遂成为单独的水体。因为地势低，渗流在地下的水不断向泉内补充，使之涓流不息，天旱不涸。这种解释似可看作是月牙泉没有消失的一个原因，但却无法说明为何飞沙不落月牙泉。

月牙泉，梦一般的谜，千百年来不为流沙而淹没，不因干旱而枯竭。在茫茫大漠中有此一泉，在黑风黄沙中有此一水，在满目荒凉中有此一景，深得天地之韵律，造化之神奇，令人神醉情驰。"晴空万里蔚蓝天，美绝人寰月牙泉，银山四面沙环抱，一池清水绿漪涟。""月牙晓澈"为敦煌八景之一。月牙泉是国家级重点风景名胜区，中国旅游胜地四十佳之一，被称为"天下沙漠第一泉"。

2.6.4　雅丹国家地质公园

敦煌雅丹国家地质公园位于甘肃西部，敦煌市境内，地处新疆与甘肃交界处，距敦煌市区约 180 公里，东南距玉门关约 100 公里，西南距罗布泊湖心约 120 公里，是我国乃至全世界第一个以雅丹命名的国家地质公园。

敦煌雅丹国家地质公园地质遗迹类型丰富多样，共 77 处地质遗迹点，包括地貌景观、地质构造、水体景观、环境地质遗迹景观 4 大类；构造形迹、流水地貌景观、风力地貌景观、沙漠地貌景观、湖沼景观、地质灾害遗迹景观 6 类；中小型构造、流水侵蚀地貌景观、流水堆积地貌景观、风力侵蚀地貌景观、沙漠景观、沼泽湿地景观、山体崩塌遗迹景观 7 个亚类。

"雅丹"在维吾尔语中的意思是"具有陡壁的小山包"。雅丹地貌的形成有两个重要的因素：一是必须有湖泊沉积地层作为发育这种地貌的地质基础；二是沙漠中强大的定向风的吹蚀和流水的侵蚀。在长期风的磨蚀作用下，小山包的下部往往遭受较强的剥蚀作用，并逐渐形成向里凹的形态。如果小山包上部的岩层比较松散，在重力作用下就容易垮塌形成陡壁。有的雅丹地貌外观如同古城堡，俗称"魔鬼城"，由一系列平行的垄脊和沟槽构成，顺盛行风方向延长；高半米至几米，长数十米到数百米不等；沟宽 1～2 米，在中国新疆罗布泊东北发育很典型。

除雅丹地貌外，敦煌雅丹国家地质公园内还有其他类型多样、造型奇特的风蚀谷地貌。由于暴雨把地表侵蚀成很多沟谷，风再沿着这些沟谷吹蚀，暴雨与风多次反复侵蚀，谷地逐渐扩大加深，发展成峡谷，称为风蚀谷。部分风蚀残丘由于其砂泥层中垂直节理特别发育，又经过多次暴雨的反复切割与风蚀作用，松软的沙土石被卷走，原来块状的岩石被切割成一条条的石柱，成为风蚀柱。这些风蚀柱让强风又刀刻斧凿般地雕成一个个似物似人、似禽似兽的造型，千姿百态，惟妙惟肖。风蚀柱受风特别的磨蚀作用，靠近地表的地方，气流中携沙量多，磨蚀作用强，使其下部凹进去上部突出，再进一步发展成蘑菇状，成为风蚀蘑菇。进一步发展，风蚀蘑菇就变得很不稳定，当大风吹来时，使之摇动，成为摇摆石。风蚀柱的根部也常常由于风的吹蚀作用而形成凹坑，成为风蚀洼地。散布在地表的卵石或砾石，在风沙和相互间的作用下，被磨蚀成多个磨光面，而且边棱清晰鲜明，造型奇特，这种石块称为风棱石，在保护区内随处可见，很有观赏价值。

敦煌雅丹地貌景区的发掘经历了一个艰苦的发展过程。1998 年，雅丹的开发提上敦煌市政府议事日程；2001 年 12 月被自然资源部批准列入全国第二批国家地质公园；2002 年 2 月 28 日在北京正式被授匾；2003 年 8 月 29 日正式开园揭碑，向大众展露出神奇瑰丽的真容；2006 年 11 月被文化和旅游部评定为国家 AAAA 级旅游景区；2005 年 3 月，被西北风情旅游联合会确定为西北风情自驾车旅游基地；2011 年 8 月被国土资源部命名为"国土资源科普基地"；2012 年 10 月被甘肃省科学技术协会命名为"甘肃省科普教育基地"。

敦煌雅丹地貌是迄今为止在世界上发现的规模最大、地质形态发育最成熟、最具观赏价值的雅丹地貌群落，属世界罕见，是宝贵的、不可再生的自然遗产，具有重要的科研、科普和旅游观光价值。

2.6.5 阳关

西汉时期，汉武帝"列四郡，据两关"，开通"丝绸之路"，此后，阳关大道商队络绎，使者相望，见证了丝路繁华。走进阳关景区，大汉关城近在咫尺，千年历史触手可及。

阳关位于敦煌市西南 70 公里外的南湖乡境内，是中国古代陆路对外交通咽喉之地，是"丝绸之路"南路必经的关隘。位于甘肃省敦煌市西南的古董滩附近。西汉置关，因在玉门关之南，故名阳关，和玉门关同为当时对西域交通的门户。唐代诗人王维"渭城朝雨浥轻尘，客舍青青柳色新。劝君更尽一杯酒，西出阳关无故人"的诗句，更使阳关名扬千古。

阳关建于汉元封四年（公元前 107 年）左右，曾设都尉管理军务，自汉至唐，一直是丝路南道上的必经关隘。历史的久远使关城烽燧少有遗存。据《元和郡县志》载："阳关，在县（寿昌县）西六里。以居玉门关之南，故曰阳关。阳关本汉置也，渭之南道，西趣鄯善、莎车。后魏尝于此置阳关县，周废。"巴黎藏敦煌石室写本《沙州地志》载："阳关，东西二十步，南北二十七步。右在（寿昌）县西十里，今见毁坏，基址见存。西通石城、于阗等南路。以在玉门关南，号曰：'阳关'（古人以山南水北为阳）。"可见唐时阳关已毁，仅存基址。古寿昌城在今敦煌市南湖乡北工村附近，阳关在寿昌故城西 6 里或 10 里处，当指约数而言。专家考证，阳关故址就在今南湖乡西面对"古董滩"的流沙地带。

出敦煌市西南行 75 公里路程即可到达阳关故址——古董滩。1943 年向达先生在这里考察时写道："今南湖西北隅有地名古董滩，流沙壅塞，而版筑遗迹以及陶片遍地皆是，且时得古器物如玉器、陶片、古钱之属，其时代自汉以迄唐宋皆具，古董滩遗迹迤逦而北以迄于南湖北面龙首山俗名红山口下，南北可三四里，东西流沙湮没，广阔不甚可考。"1972 年酒泉地区文物普查队于古董道西 14 道沙渠后发现大量版筑墙基遗址，经试掘、测量，房屋排列整齐清晰，面积上万平方米，附近有连续宽厚的城堡垣基。阳关故址当位于此处。

古代阳关向北至玉门关一线有 70 公里的长城相连，每隔数十里即有烽燧墩台，阳关附近亦有十几座烽燧。尤以古董滩北侧山顶上的被称为"阳关耳目"的烽燧最大，地势最高，保存较完整。

阳关古塞何以建在这片荒漠之中？考古学家研究发现，阳关占有"一夫当关，万人莫开"之险要地势。附近在古代又水源充足，渥洼池和西土沟是最大的独立水源，至少在三四千年前，这里就已成绿洲盆地，有发达的火烧沟文化；汉唐时期，阳关军士即借此水而生息。西土沟平时上游干涸，下游有泉水汇成小溪北流，时有山洪暴发。洪峰过后，沟岸纷纷塌落，河床加宽，大量泥沙顺流而下，遂在下游沉积。泥沙在西北风吹扬搬运下，形成条条沙垄，阳关古城遂逐渐被水毁沙埋。旧《敦煌县志》把玉门关与阳关合称"两关遗迹"。

　　阳关景区现存有汉唐时期的古关、古城、古烽燧、古水源、古道、古塞墙、古墓葬、古陶窑等众多文物遗址。为了更好地保护这些文物遗址、传承发扬敦煌文化，景区内兴建了阳关博物馆。阳关博物馆整体呈现仿汉建筑风格，占地约 10 万平方米，是目前中国西北地区最大的景点式遗址博物馆。馆藏文物丰富，陈展风格新颖，能够系统地反映汉唐时期敦煌及阳关的繁华与变迁。

　　游览阳关景区，参加凭吊古迹、参观展览、登城远眺、持牒出关、饮酒壮别、骑射练兵、刻石留名、漫步阳关道、攀行独木桥、沙漠探险、品尝农家餐饮等特色活动，可以亲身领略大汉盛唐历史文化的灿烂与辉煌，欣赏大漠自然风光的奇险与广阔，体验风土人情的淳朴与自然。

2.6.6 玉门关

玉门关,始置于汉武帝开通西域道路、设置河西四郡之时,因西域输入玉石时取道于此而得名。

玉门关的设立,距今已有 2000 多年的历史。汉初,匈奴东败东胡,西逐大月氏,占据河西,并以河西为基地,屡犯汉境。汉王朝曾对匈奴采取和亲政策,希图换取暂时的安宁。汉武帝时,放弃了和亲政策,对匈奴发动了大规模的军事反击。元狩二年(公元前 121 年),骠骑将军霍去病率兵西征,沉重打击了匈奴右部。同年,汉分河西为武威、酒泉两郡。元鼎六年(公元前 111 年),又增设张掖、敦煌两郡,同时建玉门关和阳关。从此,玉门关和阳关就成为西汉王朝设在河西走廊西部的重要关隘。

河西归汉以后,内地通往西域及欧洲诸国的通路打开了,中国特有的丝绸源源不断运往西方,西方的音乐、宗教以及葡萄、石榴、核桃、苜蓿等也从此传入中国。人们习惯把东起长安(西安的古名),联络亚、欧、非三大洲,遥遥数千里的交通大道称为"丝绸之路"。这条路自敦煌以西分为两路,一条出敦煌向西北经玉门关、鄯善北行,叫天山北路;一条出敦煌向西南经阳关、安南坝,沿塔克拉玛干大沙漠南行,叫天山南路。因此,玉门关和阳关也就成为"丝绸之路"上通往西方的重要关卡,是西行商旅和文臣武将的重要停息站。当时玉门关,驼铃悠悠,人喊马嘶,商队络绎,使者往来,一派繁荣景象。

现在的汉玉门关遗迹,是一座四方形小城堡,俗称小方盘城,耸立在东西走向戈壁滩狭长地带中的砂石岗上,南边有盐碱沼泽地,北边不远处是哈拉湖,再往北是长城,长城以北是疏勒河故道。关城全用黄土夯筑而成,面积约 600 平方米。西、北两面各开一门,城垣东西长 24.5 米,南北宽 26.4 米,残垣高 9.7 米,上宽 3.7 米,下宽 4 米,南北墙下宽4.9 米。城顶四周有宽 1.3 米的走道,设有内外女墙。城内东南角有一条宽不足 1 米的马道,靠东墙向南转上可直达顶部。登上古关,举目远眺,四周沼泽遍布,沟壑纵横,长城蜿蜒,烽燧兀立,胡杨挺拔,泉水碧绿。柳绿花红,芦苇摇曳,与古关雄姿交相辉映,使人心驰神往,百感交集,怀古之情,油然而生。

距玉门关 15 公里处,是河仓古城,俗称"大方盘城",建于西汉,到魏晋时一直是长城边防储备粮食的重要军需仓库。河仓城坐北向南,夯土版筑,呈长方形,分外城、内城和仓城三部分,外城城墙已坍塌,残存仓城东西长约 132 米,南北宽约 17 米,残垣最高处 9 米,城内有南北方向的两堵墙,将其隔为面积相等并排的三座仓库。每库向南开一门。四壁多已颓塌,只有北壁较为完整。东、西、北三面被草地和沼泽包围,南面为高出沼泽的戈壁所掩护,位置险要,隐蔽安全,这不由得让人为古人的匠心慧眼所折服。

汉长城是汉代河西地区军事防御体系中重要的组成部分,也是西汉王朝构建整个北方防御工程的历史缩影。虽经千百年来的风雨剥蚀，仍然屹立在戈壁荒漠中，仿佛向人们诉说着大漠雄关曾经的壮丽与繁华。敦煌境内的汉长城是现存距离最长、保存最为完整的汉代长城，极具研究价值和观赏价值。

2014年6月22日，在卡塔尔多哈召开的联合国教科文组织第38届世界遗产委员会会议上，玉门关遗址作为中国、哈萨克斯坦和吉尔吉斯斯坦三国联合申遗的"丝绸之路：长安—天山廊道的路网"中的一处遗址点成功列入《世界文化遗产名录》。

2.6.7　悬泉置遗址

悬泉置遗址是一座方形小城堡，门朝东，四周为高大的院墙，边长 50 米，西南角设突出坞体的角楼。坞墙系用长 40 厘米、宽 20 厘米、厚 11 厘米的土坯垒砌而成。坞内依西壁、北壁建有不同时期的土坯墙体平房 3 组 12 间（内含一个套间），为住宿区；东、北侧为办公区房舍；西南角、北部有马厩三间；坞外西南部建有一组长约 50 米、呈南北向的马厩三间。坞外西部为废物堆积区。

甘肃省文物考古研究所于 1990 至 1992 年，分两个阶段进行了全面挖掘，揭露遗址面积 2400 平方米，发掘出 15000 余枚汉简和 17650 件各类实物，出土简牍 2.1 万余枚，形制有简、牍、觚、封检、削衣等。纪年简最早是武帝太始三年（公元前 94 年），最晚为和帝永元十三年（101 年）。其中以宣帝、元帝、成帝简最多，内容有诏书、律令、科品、檄记、簿籍、爰书、劾状、符、传、历谱、术数书、字书、医方、相马经等。出土较多的书于墙壁墨书题记，内容涉及诏书和药方等，特别是西汉平帝元始五年（5 年）的"使者和中所督察诏书四时月令五十条"，直行隶书，字体工整，保存较好，是研究汉代历律、农技和医药水平的资料。其他遗物有铜、铁、漆、木、骨、革、丝、麻、纸、毛和粮食等 16 大类，共计 3250 余件。其中出土的大量西汉汉宣时期麻纸，证明了早在西汉时期纸已作为书写工具在西北边郡地区广泛使用。

悬泉置遗址，据出土简文记载，西汉武帝时称"悬泉亭"，昭帝时期改称"悬泉置"，东汉后期又改称"悬泉邮"，魏晋时曾废弃，唐以后复称"悬泉驿"，宋以后又废置，清代又称"贰师庙""吊吊水"，其名取之南侧山中悬泉水。

悬泉置遗址位于敦煌市，处于省道 314 路边。该遗址是公元前 2 世纪至公元 3 世纪汉代设立在"丝绸之路"上连通中原与西域诸国的重要驿站遗址，因出土的汉简上书"悬泉置"三字而定名。

从现已揭露出来的悬泉置遗址看，遗迹结构之完整，出土遗物之丰富，遗存保存之完好，文化内涵之广泛，实属我国考古学界的重大收获之一。其中，有明确层位和准确纪年简牍共存关系的西汉宣帝、哀帝时期（公元前 73 年—前 1 年）书写墨迹的麻质纸的出土，对传统的东汉蔡伦造纸说，是毋庸置疑的突破。据现有资料可以认定，悬泉置遗址时代上限始于西汉武帝太始三年（公元前 94 年），历经西汉、东汉，下限可至魏晋时期，前后延续近 400 年之久。该遗址的科学发掘，对研究汉晋驿站的结构、形制和布局提供了极为重要的实物资料，出土的大量简牍及其他遗物为研究汉代邮驿制度及西北边郡地区的政治、经济、军事及文化生活等方面具有重要价值，见证了其对"丝绸之路"长距离交通和交流的保障。

悬泉置遗址考古发掘被评为1991年度和"八五"期间全国十大考古发现之一。2001年公布为第五批全国重点文物保护单位。2014年6月22日，悬泉置遗址作为中国、哈萨克斯坦和吉尔吉斯斯坦三国联合申遗的"丝绸之路：长安—天山廊道的路网"中的一处遗址点成功列入《世界文化遗产名录》。

2.6.8　舌尖上的敦煌

敦煌是一个历史悠久的城市，古城的美食也是别具特色。敦煌的饮食文化很有西北元素，"敦煌菜系"就出自一千多年前莫高窟的壁画上。

民以食为天。古来繁华之地，必有特色美食。拥有诸多特色美食的地方，也必是繁华之地。游今日之敦煌，除了体验厚重的历史文化之外，敦煌特色的美食也是必不可少的一环。

能让你记住敦煌的，除了它的历史，更有它的美食。

敦煌八大怪：香水梨要放黑卖，风干馍馍掰开晒，浆水面条解暑快，驴肉黄面门外拽，三九锁阳人参赛，酒枣新鲜放不坏，罗布麻茶人人爱，榆钱也是一道菜。

敦煌八大怪，全部是美食，展示的不仅是民生，更是文化！比如其中的驴肉黄面，在莫高窟第 156 窟的宋代壁画中，就有其制作场景，足见其历史之悠久。俗话说"天上龙肉，地上驴肉"，因其味道鲜美，且有补气养血、滋阴壮阳、安神去烦等功效，驴肉一直都是肉类中的上品！

能拽到门外的敦煌黄面，工艺极其讲究，操作非常不易，常常一把面从面馆内一直拉到店门外，所以有"驴肉黄面门外拽"的说法。面细如丝、入口筋道，煮熟后面条色黄晶亮，看一眼就满口生津、食欲大开。驴肉配上敦煌黄面，"中华名小吃"的称号真的是名不虚传！

敦煌的羊肉，除了烤羊肉串、白条羊肉、红焖羊肉、手抓羊肉，更有敦煌老丈人接待女婿的必备美食——胡羊焖饼，你一定不能错过！

此外，还有敦煌酿皮、杏皮水、拨疙瘩这些传统小吃，每一样都值得品尝。还有种类丰富的敦煌干果，也是琳琅满目、物美价廉。

更有全驴宴、烤全羊等大餐硬菜，"敦煌宴""大梦敦煌宴""敦煌乐舞宴"是名扬天下的敦煌三大名宴！

如果你到了敦煌，想要一站式体验敦煌美食，推荐你去农贸市场附近的"特色小吃一条街"，这是敦煌本地人的小吃街，敦煌民间十大小吃都可以在这里找到。

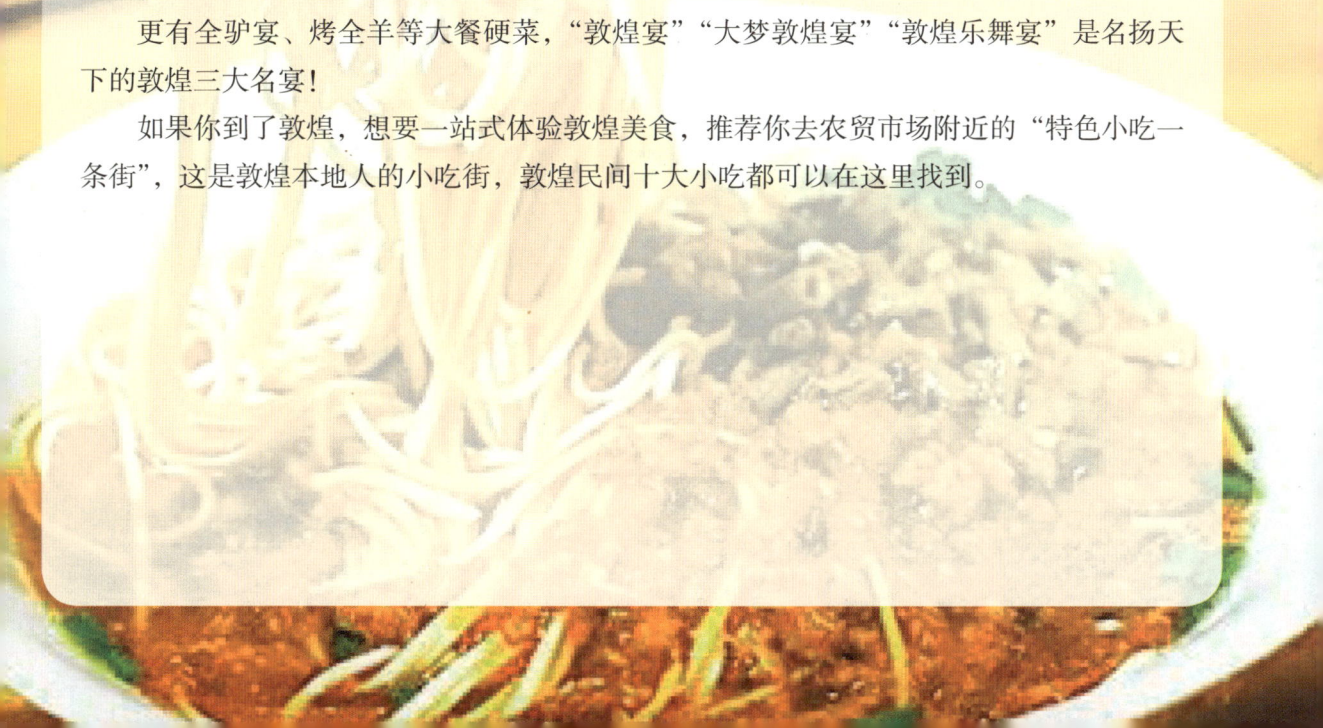

2.7　导游养成

2.7.1　案例阅读

董亚娜：20年只讲一个人 ❶

在焦裕禄的家乡，有一位导游20年如一日践行"用焦裕禄精神宣传焦裕禄精神"，曾为党和国家领导人讲解焦裕禄事迹，还应邀赴孝感、武汉、徐州等数十个地方，作焦裕禄精神报告达30多场，听众1万余人次。她就是河南兰考县焦裕禄纪念园管理处副主任兼讲解员董亚娜。

"只有在辛勤的工作中才能让自己的生命焕发出璀璨的光芒。"20年来，每天早出晚归的她无怨无悔。

从1994年4月至今，董亚娜一直担任焦裕禄纪念馆重大讲解接待任务，从未出过差错。凭借长期的积累，董亚娜对纪念馆内的每一个展品、展板都了如指掌，每次都能出色完成讲解任务。

精湛的业务技术靠的是长期的付出。工作以来，董亚娜几乎没休过节假日，每天都是早早来到单位，很晚才回家。每年春节，她总是让普通职工回家过年，而自己带领骨干坚守在工作一线，从没有在家过过一个春节。她曾说过"我们要用焦裕禄精神宣传焦裕禄精神"，在20年的工作中，她一直践行着这句话。

董亚娜不仅是焦裕禄纪念园的一名讲解员，还是焦裕禄精神宣讲团的成员。繁忙的工作让她很少有时间能陪孩子。2014年9月的一天，董亚娜本来说好要陪刚考上初中的儿子去学校报到。然而不巧的是，当天台湾企业家郭台铭来焦裕禄纪念园参观考察，董亚娜是讲解工作的不二人选。一边是孩子期盼的眼神，一边是重要的客人，经过几天纠结的思想斗争，董亚娜再一次选择了工作。她用40分钟富有感情的讲解感动了郭台铭，泪流满面的郭台铭当场表示："兰考需要什么样的项目，我们就投资什么样的项目。"掷地有声的承诺让董亚娜在那一刻感到自己的选择值了。

有人问过她，20年只讲一个人，会不会觉得枯燥？董亚娜说，她热爱这份工作，这份热情激励着她不断学习、不断创新、不断突破。多年的讲解经验让董亚娜练就了只要告诉她需要讲多长时间，她就可以做到在规定时间内出色完成讲解任务的能力。靠着自己的付出，董亚娜先后获得"学习弘扬焦裕禄精神好干部"、开封市"清明文化节活动先进个人"等荣誉称号。

---

❶ 引自《光明日报》2015年5月8日第8版。

💬讨论

你怎样理解"焦裕禄精神"？导游人员如何践行和发扬"焦裕禄精神"？

2.7.2　技能提升

（1）一章一测（理论测试 10 题，每题 5 分，共 50 分）

1.（　　）流经武威全境，物产丰饶，古称"银武威"。

A. 石羊河　　　　　B. 黑河　　　　C. 讨赖河　　　D. 疏勒河

2. 嘉峪关长城第一墩又称（　　）。

A. 山海关　　　　　B. 新添墩　　　　C. 讨赖河墩　　D. 小方盘城

3. 元代（　　）是正式将西藏纳入中国版图的历史见证。

A. 凉州会谈　　　　B. 拉萨会谈　　C. 青海会谈　　D. 大都会谈

4. 武威古称（　　），有"银武威"之称。

A. 甘州　　　　　　B. 肃州　　　　　C. 凉州　　　　D. 沙洲

5. 裕固族是甘肃特有的少数民族之一，源于唐代在鄂尔浑河流域的（　　）。

A. 小月氏　　　　B. 回鹘　　　　　C. 色目人　　　D. 羌人

6. 莫高窟建窟最多的朝代是（　　）。

A. 北周　　　　　B. 隋朝　　　　　C. 唐朝　　　　D. 宋朝

7. 雷台因其上有明代中期的道教建筑（　　）而得名。

A. 雷公庙　　　　B. 雷祖庙　　　　C. 雷公寺　　　D. 雷祖观

8. 我国四大石窟中，（　　）是开凿最早、延续时间最长、规模最大、内容最丰富的石窟群。

A. 云冈石窟　　　B. 龙门石窟　　　C. 莫高窟　　　D. 麦积山石窟

9."劝君更尽一杯酒，西出阳关无故人"是唐代诗人（　　）的千古绝句。

A. 王维　　　　　B. 王之涣　　　　C. 王勃　　　　D. 李白

10. 酒泉卫星发射中心位于（　　）沙漠深处，距离酒泉 200 余公里。

A. 巴丹吉林　　　B. 腾格里　　　　C. 毛乌素　　　D. 库木塔格

（2）一章一练（导游讲解，撰写导游词并进行讲解，每篇讲解时间 5 分钟内，主题：嘉峪关关城、敦煌莫高窟、鸣沙山·月牙泉、张掖七彩丹霞、高台中国工农红军西路军纪念馆、武威雷台、金昌紫金花城）

一章一测参考答案：1.A　2.　C　3.A　4.C　5.B　6.C　7.D　8.C　9.A　10.A

（3）综合评价

景点名称				姓名	
理论测试（50分）	导游词撰写（20分）		导游词讲解（30分）		
	结构完整（10分）	文字优美，字数在800~900字（10分）	声音响亮，音色优美（10分）	仪态大方得体，语速适当（10分）	讲解熟练，时间在4~5分钟（10分）
总得分（满分100分）					
需要改进的方面					

第 3 章

回藏风情草原风光游（南线）

● **知识目标：**

了解临夏、甘南等地的文化、历史、自然、人文旅游资源和回藏民俗风情。

● **能力（技能）目标：**

学生储备一定的关于临夏、甘南等地的文化、历史、自然、人文旅游相关知识，并能进行熟练介绍，丰富自己的导游讲解内容，完善导游专业知识体系。

● **素质目标：**

通过学习和掌握临夏、甘南等地丰富的旅游资源知识，学生领略甘南草原风光，远离喧嚣，耳闻梵音，是一场关于心灵的洗礼；醉游甘南，眼目江山，是一场关于生命的礼赞，增强学生讲好家乡故事的使命担当和文化自信。

● **拓展学习：**

扫码学习本章拓展阅读知识。

3.1 花儿之乡——临夏

3.1.1 临夏概况

临夏回族自治州位于祖国的中部，地处黄河上游，因毗邻大夏河而得名，古称河州，总面积8169平方公里，平均海拔1800米，属内陆性中温带气候，距省会兰州117公里，为甘肃省西南部中心城市。临夏位置优越，自然风光秀美，名胜古迹众多，这里有西北最大的人工湖——炳灵湖，也称刘家峡水库；还有西北独具特色的奇峰峭壁式的丹霞地貌——炳灵石林，还有第一个由我国自主设计和建造的大型水电站——刘家峡水电站等。

临夏历史悠久，文化源远流长，历史上古称河州，素有"茶马互市"、西部"旱码头""河湟雄镇"等美誉，还有"花儿之乡""彩陶之乡"和"牡丹之乡"的称号，民间更有一种说法，"东有温州，西有河州"。临夏回族自治州现有常住人口212.41万人，居住着回、汉、东乡、保安、撒拉等42个民族。

临夏是我国新石器时代遗址最集中、考古发掘最多的地区之一，著名的齐家文化、半山文化因在这里的发现而命名，珍藏于中国历史博物馆的国宝"彩陶王"就出土于临夏，所以临夏被誉为"中国的彩陶之乡"。

临夏古生物化石丰富，美丽的太极湖附近有距今1.7亿年历史的世界上最大的恐龙足印化石群；和政地区有埋藏距今亿万年前的大量古生物化石，在国内外实属罕见，具有很高科研价值、考古价值和旅游价值。

临夏还是一个多民族聚居的地区，现居住着汉、回、东乡、保安、撒拉等18个民族，总人口约212万，回族占56%，是国内回族人口最集中的地区之一。这里有被誉为"西北民歌之魂"的民歌"花儿"，"花儿"是流传于大西北的一种民歌。临夏是"花儿"的发源地，每年农历六月初六的莲花山花儿会，四月二十八的松鸣岩花儿会是远近闻名的花儿盛会，每当此时，歌手云集，歌声此起彼伏。

独具特色的八坊民俗文化住宅区和中阿艺术相结合的清真寺建筑，风格别致，回族砖雕、汉族木刻、藏族彩绘和葫芦雕刻等非物质文化遗产非常丰富。

临夏旅游资源丰富，临夏著名旅游景点有集临夏古典建筑于一体的园林——临夏红园，马步青的官邸——东公馆、蝴蝶楼，在国内有极大影响的大拱北、万寿观，还有甘肃三大石窟之一的炳灵寺石窟。

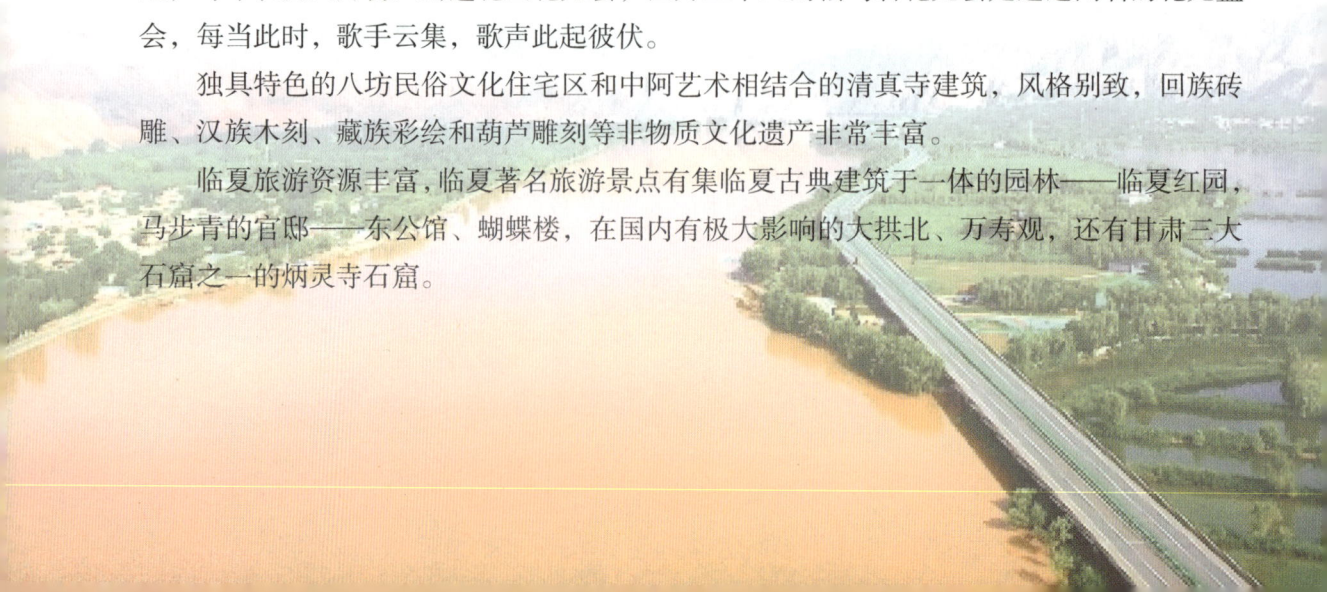

3.1.2　天下第一奇观——炳灵寺石窟

炳灵寺石窟位于甘肃省永靖县西南约 40 公里处，据有关文献记载，炳灵寺最早称为"唐述窟"，明朝永乐年后改为"炳灵寺"或"冰灵寺"。"炳灵"为藏语音译，意思是"千佛"或"十万佛"。

炳灵寺历史悠久，始建于西秦建弘元年（420 年），历经北魏、西魏、北周、隋、唐、元、明、清各代的扩建或重修，现存窟龛 183 个，石雕像 694 尊，泥塑 82 尊，石雕泥塑小塔 5 座和壁画约 900 平方米。

炳灵寺石窟规模最大、时代最早、内容最丰富的洞窟是第 169 窟，它是炳灵寺石窟的精华所在，是西秦的代表窟。它坐落于窟群北端唐代大佛的上方，距地面 50 多米，原为一个天然石洞。窟内现存佛龛 24 个，窟内佛像造型生动，表情丰富，壁画的内容上有了简单的佛说法图、千佛、飞天、伎乐、供养人等。这些题材，是研究我国早期佛教信仰和佛教艺术的珍贵资料。

第 169 窟的重要价值还在于，该窟内发现了我国目前最早的、有明确纪年的题记。该题记位于第 169 窟第 6 龛彩塑大势至菩萨的左前方。造像题铭约五百字，铭文结尾署："建弘元年（420 年），岁在玄枵，二月廿四日造。"这一题记的发现，不但使我们了解了炳灵寺创建的准确年代，而且为我们研究云冈石窟、龙门石窟及河西石窟的修建和发展演变，提供了有力的证据和新的线索。

第 126 窟开凿于北魏。全窟共有雕像 112 尊，为炳灵寺北魏石窟中造像最多的洞窟。同时，此窟造像具有典型的"秀骨清像"风格，雕造精湛，并有造窟题记，是最具有代表性的北魏洞窟。第 6 窟创建于北周，是炳灵寺石窟这一时期的代表性洞窟。第 3 窟始建于唐代，明代重绘。窟内塔顶正中有印度佛塔中常见的覆钵形。这种把印度塔建筑中的特点巧妙地融会在中国民族建筑中的形式，在全国其他石窟中也是独一无二的。

炳灵寺石窟现为全国重点文物保护单位，它同我国其他几个著名的石窟寺相比，有其自己的特点：一是这里的石雕、浮雕佛塔很多，这在其他石窟中是少见的；二是洞窟门顶上方里面再开洞窟，并塑有卧佛，这在其他石窟中也是没有的；三是密宗壁画较多，这与元代藏传佛教兴盛有关。

正因如此，著名历史学家范文澜在他所著的《中国通史》中，认为炳灵寺和敦煌莫高窟、天水麦积山石窟并驾齐驱，有着同样重要的历史价值和艺术价值。

3.1.3 黄河三峡风景名胜区

黄河三峡风景名胜区位于永靖县境内，由炳灵峡景区、刘家峡景区和盐锅峡景区组成，景区人文景观丰富，自然风光秀美。

刘家峡水库的炳灵湖是我国最大的高原人造湖泊，水面宽阔，水质优良，景色集江南秀丽和高原雄浑于一体，是游人神往的旅游胜地。炳灵湖不仅是陇原水域中面积最大、水质最优的水产养殖基地，也是水上竞技运动的理想训练场地。

过了洮河口，雄伟壮观的刘家峡大坝便在我们眼前了。刘家峡水电站是我国自行设计、自行施工、自行制造设备、自行安装、自行管理的百万千瓦级大型水电站。这座水电站以发电为主，兼有防洪、灌溉、养殖、水运、旅游等综合效益。大坝高147米，像一座四十多层的大楼，巍然矗立在黄河之上。1995年5月，刘家峡水电站被中共甘肃省委命名为全省爱国主义教育基地；2004年7月，被文化和旅游部列为全国首批工业旅游示范点。

黄河出刘家峡便转弯向西而去，又在盐锅峡大坝前形成了一个人造湖泊，因状如道教太极，故名太极湖。太极湖中有大小岛屿9个，岛上的芦苇郁郁葱葱，栖息着天鹅、灰鹅等多种鸟类，是甘肃著名的鸟岛。这里是黄河上游最大的自然湿地，1995年1月被甘肃省列为甘肃黄河三峡湿地自然保护区。

沿太极湖顺流而下，黄河上游的另一颗明珠——盐锅峡水电站又展现在眼前了，它和刘家峡水电站一道，成为现代文明在黄河三峡的标志性景观。

在盐锅峡水电站上游的老虎口，有世界罕见的大规模恐龙足印化石群地质遗迹。这些恐龙足印化石形成于侏罗纪或早白垩纪时期，距今已有1.7亿年以上的历史，其规模之大、种类之多、保存之完好、清晰度之高、立体感之强、多层面出现，均为世界少有，其中有些样本个体，为世界上目前发现的最大恐龙足印化石。刘家峡恐龙足印化石具有极高的科研和科普价值，也是非常罕见的、极其珍贵的自然景观。2001年11月，甘肃省政府批准建立"刘家峡白垩纪恐龙足印群省级自然保护区"，2002年2月28日被列为第二批国家地质公园。

黄河三峡不但有无限的风光，而且文化遗存丰富多彩。悠久的历史，独特的地理环境，造就了黄河三峡深厚宏大的文化底蕴。美丽的黄河三峡因其特有的风情神韵，丰富的文化内涵和得天独厚的山水风光，成为一处独具特色的旅游风景区。

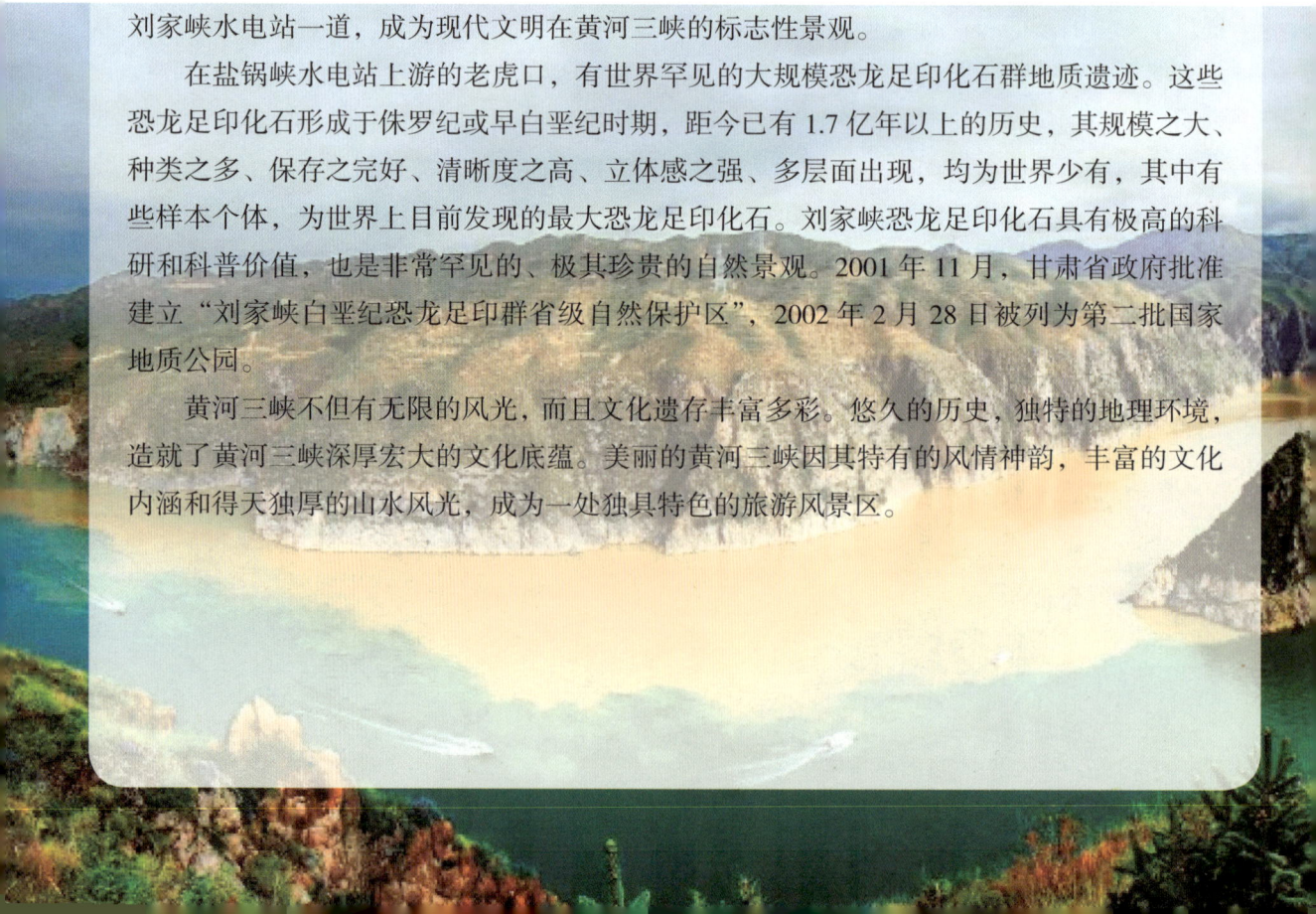

3.1.4　临夏红园

临夏红园是临夏市的第一个公园，位于临夏城西，于 1958 年修建。1958 年国内大力提倡"又红又专"，意思就是每个人都既有革命思想又有一定专业职能，红园就取"又红又专"的名字来命名。

临夏红园，建筑面积 4500 平方米，院内有 20 多处观赏景点。临夏红园的建筑，既有小巧玲珑的江南园林风格，又有高大恢宏的地方古典民族特色。红园园内百花荟萃，万紫千红，楼阁造型奇特、飞檐翘角、雕梁画栋，回族的砖雕、汉族的木刻、藏族的彩绘达到了完美的艺术结合。

临夏红园内的盆景园，摆放着各类名贵花卉上千盆，包含牡丹、芍药、月季、美人蕉、君子兰、菊花等各类奇花异草，园内花卉以盆花和园栽牡丹为特色。临夏市民素有培育名贵盆花的传统，红园集盆花精品于一处，尤其是园栽紫斑牡丹，在全国唯临夏独尊，故有"小洛阳"之称。清代著名诗人吴镇有诗云："牡丹随处有，胜绝是河州。"

临夏红园建筑紧凑，游览项目丰富，地方特色突出，被誉为甘肃城市名园之一。园内有人工湖、长廊亭、动物园、展览厅、牡丹园、团结堂等。临夏红园因建筑上独特的砖雕、木雕和河州彩绘而闻名于世，尤其是砖雕艺术，品种繁多，形象逼真，常常令游人叹为观止。

国家级非物质文化遗产临夏砖雕，是甘肃临夏的传统民间艺术，历史悠久，据考古证实，在宋代，临夏砖雕技艺已相当成熟，到元、明时期，精美的砖雕已广泛使用在各种建筑之中。明、清两代是临夏砖雕的兴盛时期，建于明末清初，八坊街的"龙凤呈祥"影壁，堪称河州现有砖雕的精品。

临夏砖雕，在技法上采用雕刻和镂空相结合的手法，层次分明，立体感强；在构思上，采用现实主义与浪漫主义相结合的创作手法，情景交融，表达着各族劳动人民热爱祖国壮丽山河的思想感情和美好理想，以及对幸福生活的向往和追求，同时也显示着劳动人民高超的智慧和精湛的艺术技巧。

临夏砖雕近千年来，不断推陈出新，经久不衰，近代又吸收了绘画、木刻等艺术，得到了更大的发展。它广泛应用于寺庙、园林和民居建筑中，装饰部位有影壁、门楼、券门、山花等。砖雕题材广泛，多以美好祝愿为内容，有苍松、翠柏、梅、兰、竹、菊；还有松鹤、喜鹊、百鸟、松鼠等，表现形式丰富多彩，寓意很深。2006 年 5 月 20 日，经国务院批准，临夏砖雕被列入第一批国家级《非物质文化遗产名录》。

3.1.5　莲花山

　　莲花山坐落在康乐、渭源、临潭、卓尼、临洮几个县的交汇处，距离兰州市 190 公里，是一处集自然景观、民俗风情、人文景观于一体的陇上名山。因群峰林立，形似莲花，中部峰顶平而圆，形状犹如莲蕊，整座山峰酷似一朵出水芙蓉，因而被称为莲花山。

　　莲花山既有高寒湿润的山地气候，又有温暖如春的草原气候特点，形成了复杂的动植物群落，如云杉、冷杉、高山杜鹃等，有珍贵观赏植物 290 余种；有斑尾榛鸡、蓝马鸡、雪鸡等国家一、二类保护鸟类 150 余种，现为省级自然保护区。

　　莲花山国家森林公园地处甘南藏族自治州、临夏回族自治州和定西三地的交界处，是国家 AAAA 级旅游景区，也是国家级非物质文化遗产"莲花山花儿"的故乡，是一处以森林景观为主的绿色生态乐园。景区历史久远、民俗独特、人文古迹众多，是我国少有的儒、释、道三教合一圣地。

　　景区中心的莲花山，早在南北朝时，道教、佛教就在此活动，明朝初年，宗教已十分兴盛，当时就有"西崆峒"之称，为道教五大洞天之一，因广成子在此修道成仙而名扬天下。

　　说起莲花山，我们不得不说的就是莲花山花儿。莲花山不仅自然风景好，而且是洮岷花儿的故乡。莲花山的花儿曲调婉转，悦耳动听。每年六月初一至初六都会在这里举行盛大的莲花山花儿会，此时，莲花山是一片人与歌的海洋。

3.1.6　西北民歌"花儿"

花儿是独具风格的西北民歌，是一种以爱情为主要内容的山歌，适合在野外歌唱。花儿内容丰富，形式自由活泼，曲调高昂优美，具有浓郁的生活气息和乡土特色。

"花儿"最早起源于甘、宁、青一带少数民族，早在清乾隆时就负有盛名。在甘肃、青海、宁夏、新疆等四省区的回、汉、土、东乡、保安、撒拉、藏、裕固等 8 个民族，使用当地汉语方言，只能在村寨以外歌唱的山歌品种，通称"野曲"（与"家曲"即"宴席曲"相对），又称"少年"。其传唱分日常生产生活与"花儿会"两种主要场合。"花儿会"是一种大型民间歌会，又称"唱山"。如今，已有包括中国、美国、日本、德国、荷兰、澳大利亚、新西兰等国在内的中外学者对"花儿"进行研究，可见其魅力非凡，影响深远。

临夏花儿以爱情为主线，广泛展现了各个时期的社会生活，多侧面地反映人民群众热爱家乡、热爱劳动的思想感情和渴求幸福生活、追求丰衣足食的美好愿望，有时还会穿插反映风俗、时政等方面的内容，不但在艺术上达到了较高的表现水平，而且具有深刻的思想性和珍贵的史料性；花儿不仅有绚丽多彩的音乐形象，而且有丰富多彩的文学内容，其文学价值、音乐价值堪比《诗经》。

临夏花儿曲调高亢、悠长，语言朴实、生动、丰富，演唱形式别致，民族风格和地方特色鲜明，展示出荡人心魄的艺术风格，堪称祖国艺术百花园中一颗璀璨耀眼的明珠。

如今，花儿除了在山野、河边怒放外，还早已由下里巴人脱胎换骨为阳春白雪，被赋予新的内容，改编为歌舞剧，走上了大雅之堂。20 世纪 80 年代，花儿的演唱形式就已发展到花儿歌舞剧，不仅走上了大专院校、机关厂矿的合唱舞台，还唱响了大江南北、黄河两岸，唱到了祖国首都。

莲花山花儿以创作的即兴性、韵律的固定性、语言的乡土性为最大特点，俗称"野花"，代表性曲令有《莲花山令》等。因具有独特性、民俗性、依存性、程序性、群体性、娱乐性和通俗性等特征，被国内外学者誉为"西北之魂""西北的百科全书"。但近年来，花儿会的规模逐渐缩小，花儿歌手人数锐减，传承断档，后继乏人，亟待抢救。

2006 年 5 月 20 日，花儿被国务院批准列入第一批国家级人类非物质文化遗产名录。2009 年 9 月，经联合国教科文组织批准，花儿入选人类非物质文化遗产代表作名录。

现在，临夏规模较大的花儿会场有 20 多处，其中莲花山花儿会最为盛名。每年花儿会期间，嘹亮、高亢的歌声在蓝天白云下，在花海绿草间，数日绵延不绝。届时，风和日丽，林木葱茏，数十万群众身着盛装，朝山赴会，熙熙攘攘，摩肩接踵，帐篷遍布，绿草绵延。歌手们携情侣，带酒食，三五成群，一个个身姿灵巧，舞姿翩翩。歌声传遍四野，气氛热烈至极，花如海，歌似潮，盛况空前。美国哈佛大学音乐学教授赵如兰博士就先后两次到临夏莲花山进行田野采风，对"花儿会"规模之大、人数之多、热烈盛况流连忘返，赞不绝口。

莲花山花儿会以拦路、游山、对歌、敬酒、告别为程序，边游山，边对歌，自由结伴，互相穿插，灵活多样，尽情欢唱。农历初一、初二在莲花山的足古川聚会，这是花儿会的序幕；初三、初四游山对歌，是花儿会的高潮；初四、初五从莲花山向 15 公里外的王家沟移动，经过短暂的休息，围着篝火唱歌；初六早晨，人们攀登紫松山，联欢对歌、敬酒告别。

莲花山花儿的演唱形式一般为对唱，多以一问一答为主，演唱时三至五人为一组，一人编词串唱，三人轮流演唱，三句或更多句唱完后，用"花呀—莲叶儿"合唱尾声。这种唱法的花儿统称"莲花山花儿"，也就是洮岷花儿里所指的北路花儿。

花儿歌手的服饰当然也是民间认为最美的服饰，一般有两件最重要的东西，就是一把彩扇、一把大花伞。这把大花伞是一般生活用的伞 2～3 倍，足能遮三四个人。女歌手在演唱时一把彩扇遮住自己脸部，只露出一对感情丰富的大眼睛；男歌手常常在唱花儿时有一个习惯性的动作，就是用一只手放在耳朵后面，据说，这样可以使歌声传得更远。随着文化活动条件的提高，花儿会现在都配备了扩音设施，表演者使用话筒传声。

3.1.7　舌尖上的临夏

手抓羊肉是临夏最具代表性的一道美食。手抓羊肉一般带骨，多切成条形或块状，因直接用手抓着吃而得名。

油香有许多品种，是一种尊贵的食品，吃的时候要掰着吃，吃完一半再吃另一半，否则会被视为不懂礼节。回族民谚说："喝盖碗茶要刮呢，吃油香要掰呢。"

馓子是一种精美的油炸食品，在节日和喜庆日子，都会做馓子来招待客人，馈赠亲戚朋友。馓子分"盘馓"和"酥馓"两种。做盘馓时，用温水和面，再加清油、蛋清、花椒水拌匀，反复揉和，之后切成长圆条，放入锅中炸制，待外皮焦黄之后捞出，形状美观，色泽黄亮，香甜酥脆。

河州包子，馅料考究，一般选用上好的牛羊肉与韭菜或胡萝卜、白萝卜混合剁碎搅匀，装笼蒸制而成，看上去油黄面白，晶莹剔透，吃起来更是清爽可口。

回族人民有悠久的饮茶习惯，盖碗茶是其特色饮品。根据节气和自己的爱好不同，喝的茶也有所不同。夏天，回族老人会将杏脯、山楂、葡萄干、冰糖、桂圆、红枣、枸杞子等干果用开水冲泡，待其达到常温后再冰镇，即为凉茶。凉茶饮用时不但酸甜可口，振奋精神，消暑解热，更能表达出主人对客人的尊敬和盛情。

3.2　九色甘南香巴拉——甘南

3.2.1　甘南藏族自治州概况

在梦里，甘南是一支婉转悠扬的笛声；在心里，甘南是一幅酣畅淋漓的山水画；走过甘南，你就会爱上她。三生三世，魂牵梦绕，永不分开；甘南，雄踞"丝绸之路"要冲，钟灵毓秀，生机盎然，云集世间无上美景。甘南，荟萃藏汉文化精髓，是安多藏区的宗教文化中心，物华天宝，人杰地灵，是举世公认的旅游殿堂。

甘南藏族自治州是全国十个藏族自治州之一，位于甘肃省西南部，地处甘、青、川三省交界地带，属汉藏两大文化板块和青藏高原与黄土高原的结合部，辖七县一市，总面积4.5万平方公里，是一个以藏族为主体，汉、回、土、蒙、满等的多民族聚居区。全州平均海拔2800米左右，降雨丰沛，夏无酷暑，春秋相连，这里的自然风光绚丽多彩，拥有世界上最大的绿色峡谷群，亚洲最大的天然草原，中国最美的湿地。打造了以冶力关、大峪沟、拉尕山、则岔石林为代表的AAAA级旅游景区，以当周草原为代表的国家级生态旅游示范区。这里的藏传佛教文化博大精深，121所藏传佛教寺院分布在甘南大地，以拉卜楞寺、米拉日巴佛阁、郎木寺、禅定寺为代表的藏传佛教寺院，以晒佛节、毛兰姆法会等宗教节日活动和南木特藏戏表演闻名中外，吸引着众多海内外游客，这里的民俗风情浓郁独特，甘南一江三河流域汇集了游牧文化、农耕文化、民俗文化、草原文化和藏传佛教文化，文化底蕴丰厚，生活习俗、民族服饰、建筑民居、婚丧礼仪等方面与其他藏区相比具有独特性，堪称民俗大舞台。这里的革命遗迹底蕴深厚，天险腊子口被誉为100个红色旅游经典景区之一和30条精品线路之一，俄界会议会址、茨日那毛主席故居、临潭苏维埃旧址、冶力关肋巴佛纪念馆、卓尼杨吉庆烈士纪念馆和土司烈士陈列馆等红色旅游景区，受到游客的喜爱，这里民俗节庆异彩纷呈，民俗文化多姿多彩，内容丰富，富有独特的区域特色。

甘南先后被国家权威机构评为西部最具魅力的旅游景区，"让生命感受自由"的世界50个户外天堂；"梦幻之旅"，人一生要去的50个地方，中国最具民族特色旅游目的地。目前甘南夏河机场开通了夏河到兰州、西安、拉萨等地多条航线，夏河机场将架起甘南发展的空中桥梁。

走进甘南，感受世上最浓烈的人情，聆听天下最嘹亮的歌声，解读雪域最神奇的奥秘，体味高原最宁静的人生。如幻大千的圣境，游目骋怀、笑看云起、踏雪寻莲、畅叙豪情，坐地日行八万里，巡天遥看一千河，俯仰天地、思接千古，信马纵横，把酒临风，一片圣洁美丽的人间净土，她的名字叫香巴拉，她的名字叫甘南。

3.2.2　甘南拉卜楞寺

拉卜楞寺位于甘肃省甘南藏族自治州夏河县城西 1 公里处，大夏河将龙山、凤山之间冲积成一块盆地，藏族人民称之为聚宝盆，拉卜楞寺就坐落在聚宝盆上。拉卜楞为藏语"拉章"的转音，意为"佛宫所在的地方"。藏语简称扎西奇寺，一般称为拉卜楞寺。它与西藏的哲蚌寺、色拉寺、甘丹寺、扎什伦布寺，青海的塔尔寺合称我国喇嘛教格鲁派（黄教）六大寺院，被世界誉为"世界藏学府"。拉卜楞寺在历史上号称有 108 座寺，是甘南地区的政教中心，保留有全国最好的藏传佛教教学体系。

拉卜楞寺 1980 年对外开放旅游；1982 年，被列入全国重点文物保护单位；2018 中国西北旅游营销大会暨旅游装备展上，入围"神奇西北 100 景"榜单。

寺庙始建于清康熙四十八年（1709 年），有 18 座金碧辉煌的佛殿，万余间僧舍，崇楼广宇，鳞次栉比，金瓦红墙，气势非凡。其中，以六大扎仓最为著名。扎仓，藏语意为"学院"。六大扎仓即六大佛学院：修显宗的闻思学院，修密宗的续部上学院、续部下学院，修天文的时轮学院，修医药的医药学院和修法律的喜金刚学院。其中，闻思学院为全寺中心，有前殿、正殿、后殿三大部分。前殿供藏王松赞干布像；正殿悬"慧觉寺"匾额，为清乾隆帝敕赐。正殿 11 开间，宽 100 米，深 75 米，有柱 140 个，大可合抱，可容 4000 个喇嘛同时念经。寺中还有两座讲经坛以及藏经楼、印经院，珍藏文物数万件，藏文经典 6 万余册。

拉卜楞寺有"拉康" 18 处。"拉康"即全寺各扎仓的喇嘛集体念经的聚会之所，其中以寿禧寺规模最大，有 6 层，高 20 余米，殿内供高约 15 米的释迦牟尼佛像。屋顶金龙盘绕，墙旁银狮雄踞，外观十分宏伟。

3.2.3 桑科草原

桑科草原位于夏河县桑科乡的西南部，距县城 13 公里，草场面积 70 平方公里，平均海拔 3100 米左右，是甘南州主要的畜牧业基地。桑科意为"煨桑之谷"（煨桑是藏族群众的一种传统习俗，先将牛粪或柴火堆在煨桑台，把火点着，再加松柏枝，放桑子，撒净水或酒，随即念"桑意"，同声高呼"拉加罗"，意即"天神战胜了"）。

据《安多政教史》记载，格萨尔王曾在此地煨桑祭神，故得其名。桑科草原因多次举行盛大的藏传佛教佛事活动而享誉安多藏区，其中规模最大的一次为 1993 年夏天在桑科草原西北角强则塘，由拉卜楞寺四大赛赤之一的第六世贡唐大师主持举行了规模空前、史无前例的"时轮金刚大法会"。据统计，来听讲经的僧俗群众达 30 多万人次，驻扎帐篷近 5 万顶，引起了很大的轰动。

桑科草原属高寒草甸草原，四周群山环抱，缓慢地伸向天际，苍凉中透出原始的野性。草原中间开阔平坦，良好的草原植被孕育了多条支流，在桑科古城附近汇集成滔滔流淌的大夏河，蜿蜒流淌的大夏河水好似一条哈达飘落在绿毯中央，构成了一幅多彩绚丽的图画。极目远眺，雪山庄严、圣洁，牛羊成群，马儿膘健；万紫千红的野花竞相开放，仿佛使人觉得这里是动物的世界、花草的海洋，令都市人耳目一新，极大地吸引了都市游客，促进了桑科旅游的发展，桑科旅游景区的旅游基础设施条件得到不断提高和完善。

桑科草原以它优美的自然风光和独特的历史成因，2003 年被评为国家 AA 级旅游景区，目前已成为旅游线路的一大亮点。随着夏河旅游业的蓬勃发展之势，桑科草原涌现了一批以吃藏家饭、睡藏家屋、唱藏家歌、跳藏家舞的亲身体验民族风情和感受异域文化的各类"藏家乐""牧家乐"和草原旅游接待点。为了拓宽旅游服务项目，桑科旅游景区提供骑马、徒步、探险、野营、品藏餐、点篝火、跳锅庄舞等形形色色的旅游娱乐活动，使人们尽情享受高原景色和藏区牧场的乐趣。

3.2.4　腊子口战役遗址

腊子口战役遗址位于甘肃省迭部县东北部的腊子乡，西距迭部县城 105 公里，北距岷县 72 公里。腊子口是川西北进入甘肃的唯一通道，是甘川古道之"咽喉"，素有"天险门户"之称。峡谷两面悬崖峭壁对峙，仅 8 米见宽的狭道中腊子河从中奔流而过，只有一座 1 米宽的小木桥供人畜通行，实有"一夫当关，万夫莫开"之险。

为了纪念在腊子口战役中光荣牺牲的革命先烈和战役的辉煌胜利，甘肃省人民政府将其列为省级重点文物保护单位，于 1980 年 8 月 21 日修建了"腊子口战役纪念碑"。纪念碑宽 2.5 米，象征二万五千里长征，高 9.16 米，寓意 1935 年 9 月 16 日攻破天险腊子口，成为追怀往事，凭吊先烈，宣传红军战斗英雄事迹和接受爱国主义教育基地。

当年的天险如今已柏油铺路，天险变通途，车水马龙，川流不息。在腊子口依山向阳的平缓坡地上，靠着溪流，坐落着一排汉藏融合式小木屋，纯柏木结构的建筑，低脊红瓦，圆木围栏，在水流湍急的腊子河畔，一座现代化的藏式宾馆已拔地而起，房内均带有现代化标准洗浴间，房外设有廊台供观景休息。木屋周围还建有藏式帐篷和平顶房餐厅。各项服务设施齐全，并在一楼开设了"腊子口战役纪念馆"，以介绍红军长征故事和反映当地民俗风情。

腊子口战役遗址是一处承载着红军长征历史记忆的重要场所，它见证了红军的英勇与坚韧，也激励着后人不断前行，为实现中华民族伟大复兴的中国梦而努力奋斗。

3.2.5　米拉日巴佛阁

在安多藏区合作市北侧的山脚下，巍然矗立着一座四方形石砌楼阁，与周围的建筑物相比，它拔地而起的高度和不凡的气势，可谓是鹤立鸡群。它就是著名的安多合作米拉日巴佛阁。

早在清乾隆四十二年(1777年)，被称为米拉日巴化身的洛桑达吉上师，在此地原有一座佛塔的基础上，仿照米拉日巴在洛扎亲自建造的九层楼阁的造型，新建了安多合作米拉日巴佛阁。但这座古老的佛阁毁于20世纪70年代。1986年，随着民族宗教政策的落实，米拉日巴佛阁于1988年动工重建。至1992年，这座总面积411平方米，高40余米的九层佛阁竣工开光，重现昔日风采。它是为纪念米拉日巴而修建的佛阁，是藏传佛教噶举派（白教）在安多藏区的代表寺院。2005年，被评为国家AA级景区。

佛阁第一层佛殿中央塑有弥勒佛，左右两侧为文殊菩萨和大势至菩萨。左右两侧还有千手千眼观音菩萨、米拉日巴、释迦牟尼、药师、尊胜佛母、无量寿佛、绿度母、阿众佛等佛像。大殿东西两壁，还有许多生动精美的塑像，有的是佛，有的是大成就者，也有著名藏王。

佛阁第二层佛殿中央是宗喀巴及其弟子克珠杰和嘉曹杰；第三层中央是藏族群众崇奉的师君三尊——莲花生、希瓦措和法王赤松德赞；第四层中央是密宗事部三怙主——佛部文殊、莲花部观世音、金刚部金刚手佛等。所有佛像中，有以米拉日巴及其弟子为主的藏传佛教各派的开宗祖师、以喜金刚为主的密乘四部的众多本尊佛像。一至九层，共有佛像1270尊，佛阁大院四周的外围装有铜制的嘛呢经教130个，佛阁大院围墙顶部建有小佛塔1500个。九层佛阁前，又修建宝塔一座，与佛阁遥相呼应。

每一层都是从一侧的门进去从另一侧门离开，然后盘旋而上，没有回头。出来时，仰望佛阁，高耸入云，脸上没有感到一丝微风吹过，但窗上的布幔却轻轻飘动，像有来自天际的风吹来。

3.2.6　郎木寺

郎木寺镇位于碌曲县南部，距县城 90 公里，西南与玛曲县接壤，东南与四川省若尔盖县毗邻，地处甘、川两省交界处，国道 213 线横贯全境，是兰郎公路的终点，交通十分便利。始建于 1748 年的达仓郎木赛赤寺院坐落于此，与四川省格尔底寺院遥相呼应。

达仓郎木赛赤寺院设有闻思、时轮、续部、医学、雕版五大学院，殿堂十余座，僧舍百余座，现有僧侣 355 人，寺主为甘南州人大常委会副主任郎木赛赤·洛藏南杰·龙仁桑盖。

郎木寺海拔均在 3480 米以上，气温均在 0℃以下，无绝对无霜期，降水充沛，气候湿润，属高寒阴湿地区。郎木寺地跨长江流域和黄河流域，长江流域的支流白龙江发源于此。

郎木寺以秀丽的自然风光、独特的民俗风情、浓郁的宗教氛围享誉国内外，集河流、雪山、草原、石林、沼泽等为一体，特别是境内拥有丹霞地貌和喀斯特地貌，被誉为"东方小瑞士"，成为中外游客心目中的旅游胜地。2004 年被省人民政府列为全省风景名胜区，同年又被列为甘南州十大王牌景点之一。

郎木寺全镇总面积为 616 平方公里，其中可利用草场 81.3 万亩，草地资源丰富。畜牧业是郎木寺镇的经济基础，也是支柱产业。近几年通过"整村推进""六化"家庭牧场、农牧互补"一特四化"等一系列惠民项目的实施，使牧民群众靠天吃饭、逐草而牧的现状逐步得到了改善，现代畜牧业初具规模。

旅游业是郎木寺继畜牧业之后的又一新的经济增长点和牧民群众的重要收入来源之一。郎木寺特殊的地理位置，已成为周边地区经济、宗教中心，小城镇建设已初具规模，被称为"藏区第一镇"。在旅游业的带动下，逐步形成了牧、商、旅游服务为主的新格局。

3.2.7　冶力关风景区

冶力关风景区位于临潭县境内，以临潭县冶力关为中心，分为莲花山、西峡、东峡和冶海湖四个景区，主要景观有莲花山、冶木峡、冶海湖、赤壁幽谷、巨型卧佛、黄捻子、香子沟等景观。

莲花山位于冶力关东 15 公里处，主峰海拔 3578 米，集险、奇、幽、秀于一体，远远望去，形似一朵盛开的莲花而得名。又称"西崆峒"，是甘南、临夏佛道两教的圣地。历代文人墨客的吟咏遗迹及美丽动人的神话传说甚多。

西峡位于冶木河上游，两岸树木浓荫，重峦叠嶂，冶木河清澈见底。东峡位于冶木河下游，水流湍急，浪花飞溅，青山秀美，主要景点有老虎嘴、喜泉飞瀑、天然巨型卧佛"将军睡千年"等。

冶海湖位于冶力关以北 5 公里处的白石山与庙花山之间，海拔 2610 米，湖长 5 公里，湖宽几十米至百米不等，放眼望去湖水碧波荡漾，烟波浩渺，水光潋滟，四面山青草绿，野花遍地，风光秀美。湖畔山头修有一常爷庙，供有明朝开国大将军常遇春的塑像，当地群众视若保护神，信奉有加，所以也将冶海湖称为"常爷池"。隆冬时节，湖面结冰封冻，冰面呈现出千姿百态的冰图令人称奇。当地群众习惯于每年农历腊月初八相约前来冶海湖观冰图，预测来年的播种和收成。现在这里已经成为一处游人休闲度假之地。

千年睡佛景观位于冶力关镇南，是由东西走向的长约十华里的山体形成，睡佛足东、头西仰卧于相对高度近 400 米的山巅，足腿、胸腹、面目轮廓清晰，姿态舒展魁梧，面容神态安详，头戴高冠佛帽，双目微闭，眉毛胡须一一可辨，身着黛中泛黄的长袍，足蹬靴子。这尊睡佛完全是大自然的造化，没有任何人工雕饰。看神态似在仰面朝天闭目养神，其神形在晨曦霞光中尤为逼真，月光中更是形神兼备。

3.2.8　藏族民族风情

甘肃甘南藏族自治州自古以来即为藏族聚居区，藏传佛教文化发达，藏族民俗风情浓郁，政治氛围宽松，交通相对便捷。

藏族是生活在青藏高原及其边缘地区的古老民族，以游牧业为主，逐水草而徙。最初信仰原始宗教和苯教，现以藏传佛教为主。

藏族穿藏袍，住帐篷，食物以牛羊肉、糌粑、青稞面为主，交通便利的地方以大米、小麦为主食。藏族藏传佛教文化非常发达，其生活方式以佛教信仰为中心，乐善好施。藏族人民热情好客，豪迈粗放，有独特的歌舞艺术。甘南州每一个角落都有浓郁的藏传佛教文化氛围，民俗风情独具魅力。

每年农历六月十五前后，甘南一带的藏族人民总要欢度传统民俗节日——香浪节。香浪节是一个浪漫而富于情趣的节日。农历六月，正值藏区黄金季节，牧场肉香奶甜，人们举家出游，到风景秀美的大草原，搭起帐篷，过上十天半月的轻松闲适日子。

3.2.9　舌尖上的甘南

　　甘南是藏族聚居区，饮食方面有很多藏族特色食品。而藏族有着自己独特的食品结构和饮食习惯，其中酥油、茶叶、糌粑、牛羊肉被称为藏族饮食"四宝"。此外，还有青稞酒和各式奶制品。

　　藏族的一种主食——蕨麻米饭，是将大米、蕨麻煮熟，一样一半盛在碗内，再撒上白糖，浇上酥油汁。食用时用调羹边搅边吃，甜而不涩、油而不腻。蕨麻米饭被藏族群众视之为团圆和睦的象征，设宴待客时首先上桌。

　　火烧蕨麻猪，其因烹制方法而得名，其法源于周代"八珍"之一的"炮豚"，"炮豚"之法，是"实枣于其腹中"；"火烧"之法则是涂调料于腹，而且投入锅中煮"三日三夜"。这是长期生活在草原上的藏族人民所创造的一种适宜草原放牧的独特美食习俗。

　　刀什哈，即"石炙肉"。先将石头在篝火中烧红，然后将羊宰杀后取出羊胃翻洗干净，再将羊肉剔骨切碎，和烧红的石头一起装入羊肚，扎紧羊肚两头。由于羊肉在肚内受热煮沸，羊肚逐渐膨胀，此刻用刀尖或其他利器戳洞轻轻放气，直至羊肚不再膨胀，割开羊肚，同食羊肉及汁，鲜嫩丰美无比。这种做法最早源于民间游牧生活和马帮生涯，简便易做，反映了草原民族丰富的饮食文化内涵。

　　糌粑，是将炒熟的青稞用手磨加工成面粉，吃时加上酥油、干奶酪和茶水，在碗里用手拌匀，捏成团状食品。糌粑易于保存，便于携带，吃法简单，味香耐饥。

　　藏族地区有句俗语："宁可三日无粮，不可一日无茶。"由于藏族人民常年食用肉类、糌粑等酸性食物，少食蔬菜、水果，人体缺乏碱性，喝奶茶可以调节体内酸碱平衡。奶茶在藏区制作方法很多，最普遍常用的是将松州茶文火熬制，滤掉茶渣后加入新鲜牛奶，佐以盐巴、核桃、花椒、曲拉（干奶酪），滚沸三遍即可饮用。奶茶能溶解脂肪、消食解腻、清脑提神、止渴生津。临潭特产藏族奶茶极具代表性，风味浓郁。

　　去甘南藏族自治州旅游，一定要尝尝藏包。当地藏民习惯称藏包为"牛眼睛包子"，因为个大又圆，很像牛眼睛，因此而得名。这道民族面食不同之处就是采用青稞面为皮，用牛羊肉馅蒸制而成。

3.3　导游养成

3.3.1　案例阅读

中国最美导游

车祸现场舍己为人："我是导游，先救游客。"

这位导游名叫文花枝，1982 年出生于湖南省韶山市，父母都是普通农民。文花枝是家中老大，还有一个弟弟和一个妹妹。文花枝只读到中专毕业就进入一家酒店工作赚钱养家，把每个月的工资大部分都打回家供弟妹上学。2003 年，文花枝成为湖南湘潭某旅行社的导游，也许是从小对家庭的使命感，她对工作特别认真负责。

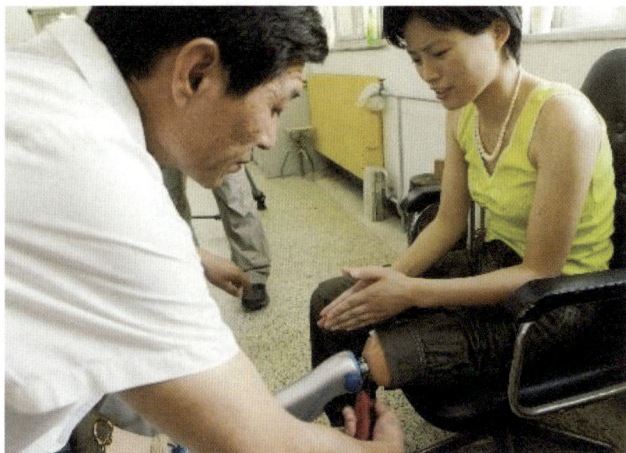

2005 年的一天，文花枝带游客乘坐大巴赶往下一个景点，没想到旅行大巴在高速路上发生车祸，大巴被撞得严重变形，车厢内游客有不同程度的受伤，车内哭喊声一片，文花枝也被卡在座位里动弹不得。在这危难关头，文花枝顾不上疼痛，艰难地打了求助电话，并大声安慰游客："大家一定要挺住，救援人员马上就到了，我们一定要活着出去。"

一名游客回忆道："正是她的鼓励，让大家坚定了求生的欲望，但她是受伤最严重的一个，骨头都露在外面，这么坚强的姑娘不多见。"当救援人员赶到想要先救文花枝时，她却说："我是导游，先救游客。"文花枝是最后一个被救出来的，她左腿 9 处骨折，右腿大腿骨折，髋骨 3 处骨折，由于延误最佳救治时间，医生不得不为她进行左腿截肢。

当文花枝堂兄文雷火速赶到医院，他看到的妹妹已面目全非，整个脸都肿起来，左小腿扭转了 180°，全身被纱布缠得严严实实。文雷凑上前，小声地叫着文花枝，她睁开眼睛第一句话就是："客人怎么样了，他们在哪里？"从她焦虑眼神中可以看出，游客的安危一直揪动着她的心。

文花枝的父亲日日夜夜守护着女儿，他忍不住问："你怎么那么傻啊，人家要先救你，你还推开，让他们救别人？"花枝对父亲说："爸，我只做了自己应该做的，我不后悔！"

康复后的文花枝在有关部门的帮助下，进入湘潭大学学习，并获得了"全国十大杰出青年""全国五一劳动奖章"等荣誉。当一切荣誉来临时，文花枝平静地说道："其实所有荣誉都是授予那种精神的，我只是幸运地成了载体。"

文花枝还建立了自己的博客，她写道："我还是原来的文花枝，不是英雄也不是名人，只是亿万普通人中的一个。"对于文花枝来说，她只是做了一件很平凡的事情，但是在其他人眼里，她那一瞬间的选择无疑是一个英雄壮举。

💬点评

文花枝同志是一名普通的导游，在一场突如其来的事故中，她所表现出来的勇于牺牲的奉献精神，临危不惧的坚定意志，忠于职守、诚实守信的职业品格，身处逆境、从容面对的思想境界，感动了旅游界，感动了全社会。她所表现出来的"忠于职守、勇于牺牲、坚毅刚强、乐观向上"的"花枝精神"，集中体现了旅游从业人员乐于奉献的职业情操，传承了中华民族的优秀品德，她是导游队伍中的杰出代表，是新时期旅游人的榜样，是当代青年的楷模。

💬讨论

作为一名导游，你认为最重要的品质是什么？

3.3.2 技能提升

（1）一章一测（理论测试 10 题，每题 5 分，共 50 分）

1.（   ）享有"花儿之乡"的盛誉。

A. 武都　　　　　B. 临夏　　　　　C. 陇西　　　　　D. 文县

2.1999 年 8 月，甘肃地勘局第三地勘院古生物研究开发中心的野外技术人员在甘肃省临夏回族自治州境内（   ）县，发现了恐龙足印化石。

A. 和政　　　　　B. 康乐　　　　　C. 积石山　　　　　D. 永靖

3.甘肃有中国"彩陶之乡"美誉的是（   ）。

A. 兰州　　　　　B. 临夏　　　　　C. 庆阳　　　　　D. 甘南

4.藏族一年一度预祝丰收的传统节日是（   ）。

A. 雪顿节　　　　B. 酥油灯节　　　　C. 驱鬼节　　　　D. 望果节

5. "外不见木，内不见石"是形容（　　　）的建筑。

A. 郎木寺　　　　　B. 合作寺　　　　　　C. 拉卜楞寺　　　D. 禅定寺

6. 在藏族节日里，吃酸奶的节日是（　　　）。

A. 沐浴节　　　　　B. 望果节　　　　　　C. 雪顿节　　　　D. 驱鬼节

7. 拉卜楞寺是藏传佛教（　　　）的宗主寺。

A. 宁玛派　　　　　B. 萨迦派　　　　　　C. 格鲁派　　　　D. 噶举派

8. 素有东方"小瑞士"和香巴拉"小江南"美誉的是（　　　）。

A. 拉卜楞寺　　　B. 米拉日巴佛阁　　　　C. 禅定寺　　　　D. 郎木寺

9. 被称为"天下黄河第一弯"的黄河首曲位于（　　　）。

A. 碌曲　　　　　　B. 玛曲　　　　　　　C. 舟曲　　　　　D. 卓尼

10. 有"小布达拉宫"之称的是（　　　）。

A. 郎木寺　　　　　B. 合作寺　　　　　　C. 拉卜楞寺　　　D. 米拉日巴佛阁

（2）一章一练（导游讲解，撰写导游词并进行讲解，每篇时间 5 分钟内，主题：永靖炳灵寺、和政古动物化石博物馆、夏河拉卜楞寺、临潭冶）

一章一测参考答案：1.B　2.D　3.B　4.D　5.C　6.C　7.C　8.D　9.B　10.C

（3）综合评价

景点名称				姓名	
理论测试（50分）	导游词撰写（20分）		导游词讲解（30分）		
	结构完整（10分）	文字优美，字数在800～900字（10分）	声音响亮，音色优美（10分）	仪态大方得体，语速适当（10分）	讲解熟练，时间在4～5分钟（10分）
总得分（满分100分）					
需要改进的方面					

第4章

寻根访祖文化朝觐游（东线）

● **知识目标：**

了解定西的自然概况、风土人情和红色旅游资源，了解天水的始祖文化、石窟艺术。

● **能力（技能）目标：**

学生储备一定的关于定西、天水等地的文化、历史、自然、人文旅游相关知识，能熟练讲解以上知识，丰富自己的导游讲解内容，完善导游专业知识体系。

● **素质目标：**

车至陇西，探访古今；行至天水，寻根访祖。古风台上叩首，女娲像前寻前世；麦积佛前焚香，卦台山顶观今生。同学们会对家乡的红色旅游资源和源远流长的始祖文化感到无比的自豪，增强讲好家乡故事的使命担当和文化自信。

● **拓展学习：**

扫码学习本章拓展阅读知识，观看特色视频微课。

4.1 陇原药都——定西

4.1.1 陇中定西

定西位于甘肃中部，俗称"陇中"，历史悠久，文化源远流长，是中华民族黄河文明的重要发祥地之一，曾孕育了马家窑、齐家、寺洼、辛店等灿烂的史前文化，还有 300 多公里的战国秦长城西起定西市临洮县。

全市总面积 1.96 万平方公里，地处黄土高原、青藏高原和西秦岭交汇地带，境内自然条件严酷、生态环境脆弱，干旱缺水，是全国最贫困的地方之一。

定西的土壤和气候极适合中药材和马铃薯的生长，特色农产品资源丰富、品质优良。马铃薯种植面积稳定在 300 万亩，约占全省的 1/3，是全国最大的马铃薯种植生产基地，所产马铃薯质量高，储存时间长，淀粉含量高。

定西中药材种植面积稳定在 100 万亩以上，约占全省的 1/2，占全国中药材种植面积的 1/10，已查明的各类中药材 300 多种，有"千年药乡"之称，尤其以岷县当归、文县党参驰名中外，据不完全统计，定西市中药材在全国市场上的份额已超过 20%，当归产量占全国 70%，占全省 90%。

定西历史悠久，文化灿烂，境内有国家 AAAA 级景区贵清山、遮阳山等自然景观，有以红军长征通渭县"榜罗会议"、岷县"岷州会议"纪念馆为代表的红色旅游景点，以及马家窑等新石器时代文化遗址、海内外李氏同胞寻根祭祖的"陇西堂"等。

此外，定西还获得很多殊荣和城市名片：

安定区——中国马铃薯之乡；

陇西县——中国黄芪之乡；

渭源县——中国党参之乡、中国马铃薯良种之乡；

临洮县——中国花卉之乡、中国民间艺术之乡；

通渭县——中国书画艺术之乡；

岷县——中国当归之乡、中国花儿之乡；

漳县——中国蚕豆之乡。

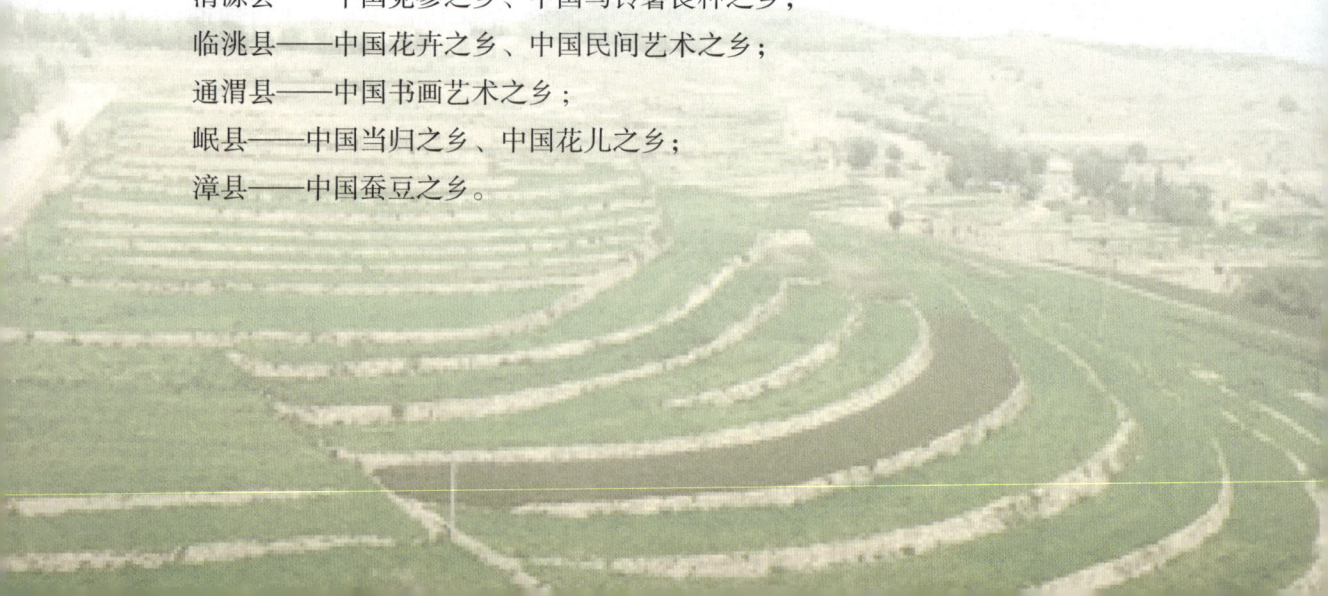

4.1.2　贵清山

贵清山国家森林公园位于甘肃省漳县南部 70 公里处。公园由东、西两大景区组成，东为贵清山，西为遮阳山，两山对峙，交相辉映，集北国之雄奇、南国之隽秀于一身。贵清山景区有大小 25 个景点，100 多个景观。

贵清山风景区南北长 15 公里，东西宽 2～5 公里，它连接了周围 18 个村庄，故又有"贵清十八村"之说。贵清山是陇中黄土高原中最为奇秀的自然风景区，现为省级森林公园，被誉为陇中的"小华山"。

贵清山仙姿神韵，自然景观独特；以三峰环翠、万壑松涛、洗脸清池、禅林挂月等最引人入胜。贵清峡谷与山顶有天梯、石栈相连，整个峡谷南北长 8 公里，东西宽仅 60 米。十里贵清峡谷，恰似十里画廊，峡谷内奇峰罗列，溪流百折，林木蔽日，飞瀑似练，移步换景，仪态万千。

遮阳山位于漳县县城以西 29 公里处，是秦岭西端与岷山交会地段的一处奇特的自然风景区，总面积有 30 多平方公里，有奇峰异石、溪流瀑布、幽深峡谷，景点达 120 多处。历代达官显贵、文人墨客、仙家道士留有多处题咏刻石。北宋时代此处曾建有相当于县级政权的遮阳堡，遗址至今尚存。

遮阳山古有岷州"小崆峒"之称，由西溪、东溪和夷门山三个景区组成。说到遮阳山还有一个传说，相传，明代著名道士、武当山道教与道拳创始人张三丰在宝鸡金台观"失踪"以后，云游至岷州"小崆峒"，在此专心修道，传播"佛道合一"的教义思想，最后跃入龙潭，也有人说他在山中羽化成仙。

遮阳山，灌木葱茏，曲径通幽、群山迭翠、奇峰竞秀、飞瀑流泉、珍禽异兽构成了一幅如诗如画的奇丽景观。专家称之为西北罕见的天坑地缝旅游探险极地。

4.1.3 陇西堂

天下李氏，郡望陇西。

公元 617 年李渊在太原起兵，每战必克，攻入长安。公元 618 年，李渊称帝，以"唐"为国号，设京师于长安，因国君姓李，故又称李唐。唐朝是中国历史上强大而繁荣的时代，大唐盛世，陇西已成为"丝绸之路"的名城重镇。贞观六年，唐太宗命高士廉等人勘正姓氏，修订《氏族志》，李氏为天下姓氏之冠，诏令天下，李氏以陇西为郡望，以"陇西堂"为堂号，并在李氏发祥、繁衍、迁播之地的陇西建立宗祠，意在光显宗族，威震远方。李世民亲准大兴土木，新建殿宇，在今陇西县城关庙巷修建规模宏大的宫殿群为李氏宗祠，御笔亲书"李家龙宫"。

李氏望族源远流长，史载其上古始祖为皋陶。相传黄帝五世孙皋陶出生在曲阜，帝尧时担任国家刑狱的大理职务，因断案有方而子孙世袭大理职务，遂以官名命族为理氏。商朝末年理氏后裔理徵，因执法刚正不阿，被纣王处死，其妻契和氏带幼子利贞逃难于今河南安阳。因母子俩饥渴交困，幸逢当地李子树果熟之季，二人摘李充饥，遂得以活命，后利贞唯恐株连后代，又不忘活命之恩，于是改理氏为李姓。

陇西堂前部有戏台和五座楼，后部有龙宫建筑群和五座假山，均在历史中被毁，现在仅存牌楼。

4.1.4　马家窑文化

马家窑文化是黄河上游新石器时代晚期文化，因最早发现于马家窑遗址而得名，年代为距今 4000 ～ 5000 年。马家窑遗址位于甘肃省临洮县洮河西岸的马家窑村麻峪沟口，1923—1924 年，瑞典地质学家兼考古学家安特生在甘肃、青海一带调查，于 1924 年发现马家窑遗址并进行了发掘。1957 年开始，甘肃省博物馆对遗址进行了多次调查，马家窑文化和马家窑类型均因该遗址而得名。

1961 年出版的《新中国的考古收获》一书开始使用马家窑文化这一名称，并将半山、马厂类划归马家窑文化。马家窑文化包括马家窑、半山和马厂三个文化类型。1988 年，临洮马家窑遗址被国务院公布为第三批全国重点文物保护单位，2001 年被评为"20 世纪中国百项考古重大发现"之一。

马家窑文化主要分布在甘肃中南部地区，以陇西黄土高原为中心，东起渭河上游，西到河西走廊和青海省东北部，北达宁夏回族自治区南部，分布区内主要河流为黄河及其支流洮河、大夏河、湟水等。

马家窑文化的村落遗址一般位于黄河及其支流两岸的台地上，接近水源，土壤发育良好，房屋多为半地穴式建筑。墓葬体现男女分工：男性多石斧、石凿等工具，女性多纺轮和日用陶器。随葬品在数量和质量上都存在着差别，而且越到晚期差别越大，有的随葬品达 90 多件，而有的一无所有，这种贫富差别的增大，标志着原始社会逐步走向解体和中国文明曙光的来临。

马家窑文化制陶业非常发达，其彩陶继承了仰韶文化爽朗的风格，但表现更为精细，形成了绚丽而又典雅的艺术风格，比仰韶文化有进一步的发展，艺术成就达到了登峰造极的高度。

彩陶的发达是马家窑文化的显著特点，在我国所发现的所有彩陶文化中，马家窑文化彩陶比例是最高的，而且它的内彩也特别发达，图案的时代特点十分鲜明。

在东乡林家遗址出土了一件完整的青铜刀和铜器碎块，这是迄今为止在我国发现最早的青铜器，说明马家窑时期人们已开始使用和制造铜器，社会已进入了铜石并用时代，生产力有了很大的提高。

马家窑彩陶上的图案纹样表达的是氏族部落共同体的文化意识，带有一定的神秘色彩。彩绘的出现，一方面是为了满足原始人类的精神需要，另一方面也是人类经过社会实践认识自然的产物。由于马家窑文化主要分布在黄河上游及其支流的两岸，所以，在彩陶图案上反映出了黄河奔流不息、波涛汹涌的气势。

马家窑类型的彩陶内彩特别发达，多装饰在盆、钵内，以旋涡纹和水波纹为主。

　　马家窑类型的彩陶图案绘制，采取了以点定位的方法，图案中的点犹如河水的浪花，象征着河流波涛起伏、奔涌向前。

　　马家窑类型的彩陶多采用曲线构图，用笔熟练巧妙，绘画的技术水平要高于半山、马厂类型。

4.1.5　舌尖上的定西

巩昌腊肉，其原料选用山区闾井一带的蕨麻猪，该猪体形小，多不过百斤，腿细、皮薄、肌肉紧密，由于野外牧养，运动多，致瘦肉比例高，且滋味鲜美。成品肥瘦相间，红白分明，滋味醇美，瘦肉不柴，肥肉不腻。蒸熟或煮熟后，香味扑鼻，诱人食欲。

黄香沟鸡是定西市渭源县黄香沟牧场的特产。黄香沟放养鸡可自由在山坡上采食中药材茎叶、嫩草、小虫，故鸡的毛色鲜亮、肉质细嫩、鸡肉味鲜、味纯、口感好、营养高，是物美价廉的高营养滋补品。

岷县点心是岷县经典的传统小吃。皮薄个大，分量足，加工原料丰富，生产工艺考究，百吃不厌，是难得的美食。点心馅里增添新的原料，有青红丝、玫瑰糖、核桃仁、花生、白砂糖、金橘、胡麻油和各种香料，不仅大大提升了岷县点心的口感，更加提升了岷县点心的观感，使其达到了真正的好看又好吃。

渭源粉条是以豆类、薯类和杂粮为原料加工制成的丝状或条状干燥淀粉制品。粉条加工在我国有千余年的历史，各地均有生产，呈灰白色、黄色或黄褐色，按形状又可分成圆粉条和宽粉条两种。

泡馍。早餐吃泡馍，对身体大有补益。定西风味与各地不同，所泡的馍，除了花糕，还有一种油锅儿，里面入油，锅鏊炕黄，吃起来又脆又酥，泡在碗内像棉花团样散开，别有一番滋味。

烤小猪又称烤乳猪。这道美味佳肴历史悠久，名扬天下。烤小猪最适宜的是 3～4 个月的小猪，宰杀去毛、除内脏后，以开水将猪皮烫硬，揩去水分，在热猪皮上涂抹蜂蜜，用铁叉叉平，放在木炭火上烤约五六十分钟即成。定西烤小猪色红亮，皮酥脆，肉嫩香，曾获得极好的赞誉。

陇西烧鸡粉，以鸡肉、鸡蛋、淀粉、菠菜汁及多种调料加工而成，褐汤绿粉、肉蛋兼备，四季皆可食用，酷暑时凉食，清爽可口，消暑解热；严冬时热食，鲜香味厚，佐酒极佳，特别是病愈初起，以烧鸡粉滋补最佳，故而南北皆宜，老幼喜食。

4.2 羲皇故里 易学之都——天水

4.2.1 秦风陇韵 灵秀天水

天河注水，水生万物，中华民族的母亲河长江、黄河，支流纵横，奔腾不息，它们在中国版图的几何中心共同滋养了一片神奇的土地——天水。上善若水，厚德载物，天地的造化与水的涵养，共同孕育出中华人文始祖伏羲的智慧，带领着我们的祖先从这里出发，走进人类的历史长河，以创新、奉献、和合的精神，催生了一个伟大的民族，这里是中华民族的发祥之地，这里遍布着华夏民族最纯粹的遗传基因，这里根植着龙的传人生生不息的复兴之梦，这，就是天水。

天水是中华民族的重要发源地，史称"中华之源"。上推 8000 多年前，中华人文始祖伏羲诞生在天水，他"结网罟，造书契、正姓氏、制嫁娶"，一画开天，肇启文明，并把文明的火种撒遍中华大地。

天水有 8000 多年的文明史、3000 多年的文字记载史和 2700 多年的建城史。远在公元前 1110 年，秦人的祖先就在天水建立了自己早期的都城。走进天水，就像走进了中华民族发源和成长的画卷，从伏羲肇启鸿蒙，秦先祖开创基业到三国纷争，还有"丝绸之路"、茶马古道的繁荣，留在这里的故事灿若星辰。

天水位于甘肃东南部，东接关中，南通巴蜀，北扼陇坻，西倚定西、甘南，是陇东南地区最大的政治、经济、文化中心，贯通陕、甘、川三省的交通要道。现辖武山、甘谷、秦安、清水、张家川回族自治县和秦州、麦积两区，总人口 295 万人，是甘肃省第二大城市，全市横跨长江、黄河两大流域，新欧亚大陆桥横贯全境。这里四季分明，气候宜人，有甘肃"小江南"之称。

天水历史悠久，文化灿烂，是国家首批公布的历史文化名城，在天水这片神奇的土地上，伏羲文化、大地湾文化、秦早期文化、麦积山石窟文化、三国古战场文化交相辉映，构成了天水独具特色的历史文化体系。天水伏羲庙是全国规模最大、保存最完整的伏羲祭祀建筑群。1988 年，天水在挖掘历史遗产的基础上，恢复了历史上的公祭伏羲典礼；2005年开始，公祭中华人文始祖伏羲大典升格为由甘肃省人民政府主办；2006 年，公祭伏羲大典被列入国家首批《非物质文化遗产名录》。

走进"丝绸之路"重镇——天水，迎面而来的是中国四大石窟之一，具有"东方雕塑艺术馆"美誉的麦积山石窟。亚洲最大的摩崖浮雕水帘洞石窟和大象山、拉稍寺、木梯寺、华盖寺等众多千年佛教石窟寺院，与麦积山石窟共同构成了"丝绸之路"东段的"百里石窟艺术走廊"。2014 年 6 月，麦积山石窟列入《世界文化遗产名录》。

天水民风民俗质朴厚道，文化传统原汁原味，八千年的历史积淀，中原文化与西域文化交互影响，产生在天水大地上的非物质文化遗产宛若一颗颗明珠璀璨夺目。秦安小曲、清水道教音乐、武山旋鼓舞和天水雕漆技艺相继入选国家级《非物质文化遗产名录》，天水唢呐、古琴、皮影、木雕、泥塑技艺、脊兽制作技艺、武山鸳鸯玉雕、玉泉观上九朝观、天水民间社火，这些祖先遗留下来的宝贵财富诉说着古城天水的久远和质朴。

清晨，天水人在开始一天的工作和劳动之前，都要吃上一碗当地的传统小吃——呱呱。千百年来，这一最具天水特色的小吃与天水凉粉、浆水面、搅团等小吃伴随了一代代的天水人，它们身上流传的优美故事，无不印证着这座古城厚重的历史。

天水是西北重要的工业城市、全国老工业基地技术改造试点城市、全国制造业信息化示范试点城市、全国技术创新试点城市等，国家建设关中—天水经济区和"丝绸之路"经济带，天水作为其重要的工业节点城市将在更宽领域、更高层次实现区域交流与合作。

天水是中国北方一大水果生产基地，花牛苹果、秦安蜜桃、麦积葡萄、秦州大樱桃等特色水果闻名遐迩，享誉神州。

天水孕育了高山仰止的中华根文化；天水，正在以海纳百川的胸襟和崭新的姿态迎接您的到来。

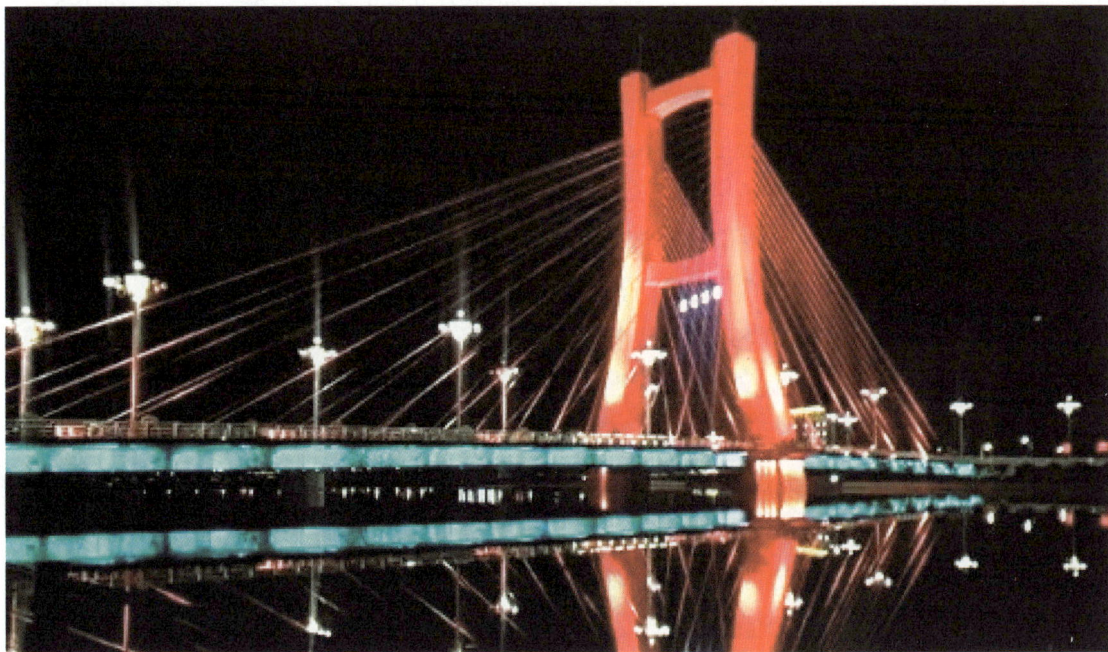

4.2.2　麦积山石窟

巍巍陇山，层峦叠嶂，蓝天与白云映衬出一座如农家积麦之状的天下奇观——麦积山，南面千窟万龛，远远望去形似蜂房，这就是全国重点文物保护单位，中国四大石窟之一，被誉为"东方雕塑馆"的麦积山石窟。

麦积山位于甘肃省天水市东南约 45 公里处，是我国秦岭山脉西端小陇山中的一座奇峰，山高只有 142 米，但山的形状奇特，孤峰崛起，犹如麦垛，人们便称之为麦积山。山峰的西南面为悬崖峭壁，石窟就开凿在峭壁上，有的距山基二三十米，有的达七八十米。在如此陡峻的悬崖上开凿成百上千的洞窟和佛像，在我国的石窟中是罕见的。

麦积山周围风景秀丽，山峦上密布着翠柏苍松、野花茂草。攀上山顶，极目远望，四面全是郁郁葱葱的青山，千山万壑，青松似海，云雾阵阵，远景近物交织在一起，构成了一幅美丽的图景，这一图景被称为天水八景之首的"麦积烟雨"。在我国的著名石窟中，自然景色以麦积山为最佳。

麦积山石窟属全国重点文物保护单位，建自公元 384 年，后来经过十多个朝代的不断开凿、重修，遂成为我国著名的大型石窟之一，也是闻名世界的艺术宝库。现存洞窟 194 个，其中有从 4 世纪到 19 世纪以来的历代泥塑、石雕 7200 余件，壁画 1300 多平方米。麦积山石窟的一个显著特点是洞窟所处位置极其险要，大都开凿在悬崖峭壁之上，洞窟之间全靠架设在崖面上的凌空栈道通达。游人登上这些蜿蜒曲折的凌空栈道，不禁有惊心动魄之感。古人曾称赞这些工程："峭壁之间，镌石成佛，万龛千窟，虽自人力，疑是神功。"当地群众中还流传着"砍完南山柴，修起麦积崖""先有万丈柴，后有麦积崖"的谚语。可见当时开凿洞窟、修建栈道工程之艰巨和宏大。

麦积山石窟艺术，以其精美的泥塑艺术闻名中外。历史学家范文澜曾誉麦积山为"陈列塑像的大展览馆"。如果说敦煌是一个大壁画馆的话，麦积山则是一座大雕塑馆。这里的雕像，大的高达 15 米多，小的仅 20 多厘米，其中第 44 窟造像被称为"东方的维纳斯"。这里的泥塑大致可以分为突出墙面的高浮塑，完全离开墙面的圆塑，粘贴在墙面上的模制影塑和壁塑四类。其中数以千计的与真人大小相仿的圆塑，极富生活情趣，被视为珍品。北魏时期的 78 窟、128 窟造像的僧衣都细致地绘出了图案。建于 70 余米高的七佛阁上塑像俊秀，过道顶上残存的壁画精美绝伦，其中西端顶部的车马行人图，无论从哪个角度看车马所走方向均不相同，堪称国内壁画构图之经典，体现了千余年来各个时代塑像的特点，系统地反映了我国泥塑艺术发展和演变过程。

麦积山塑像有两大明显的特点：强烈的民族意识和世俗化的趋向。除早期作品外，从北魏塑像开始，差不多所有的佛像都是俯首下视的体态，都有和蔼可亲的面容，虽是天堂的神，却像世俗的人，成为人们美好愿望的化身。从塑像的体形和服饰看，也逐渐在摆脱外来艺术的影响，体现出汉民族的特点来。

麦积山的洞窟很多修成别具一格的"崖阁"。在东崖泥塑大佛头上 15 米高处的七佛阁，是我国典型的汉式崖阁建筑，建在离地面 50 米以上的峭壁上，开凿于公元 6 世纪中叶。麦积山石窟虽以泥塑为主，但也有一定数量的石雕和壁画。

麦积山现为世界文化遗产，国家 AAAAA 级旅游景区，国家重点风景名胜区，国家森林公园，国家地质公园，全国重点文物保护单位。2018 中国西北旅游营销大会暨旅游装备展上，麦积山入围"神奇西北 100 景"榜单。

麦积山，无论是从原始天然的地理风貌，还是从富有人文气息的宗教景观，麦积山风景名胜区都在中国西部的苍天厚土中散发着自己独特而迷人的芬芳。

4.2.3　天水伏羲庙

天水伏羲庙俗称人宗庙，又称太昊宫，始建于明弘治三年，也就是公元1490年，是祭祀人文始祖伏羲的主要场所，也成为海外游子寻根祭祖的圣地。

在我国尚无文字的原始社会，人们记录事与物的方式都是以符号为记录形式，而中华传统文化中的八卦就是中国最早的符号形式。相传伏羲在天水卦台山仰则观象于天，俯则观法于地，心领神会，始创八卦符号，结束结绳记事，开启了中华文明的先河。其后，历经数千年世代的拓展，才形成了我们现在所知的易经。伏羲的诞生不仅揭开了中国远古时代的新篇章，也标志着中国史前文明的到来。

作为保存完整的明代古建筑，伏羲庙的建筑规模在国内首屈一指，其布局严谨，气势雄伟。按照中国古代宫廷建筑形式布局建造，坐北朝南，占地1.3万多平方米，主体建筑依照南北中轴线，自南向北依次有戏楼、牌坊、大门、仪门、先天殿和太极殿，钟亭、鼓楼沿轴线东西相对，整个建筑群采用均衡对称的格局，总体布局沿南北中轴线纵向延伸，有主有次，前呼后应，具有典型的中国古代建筑风格。

伏羲庙大门前有三座牌坊，呈"品"字形鼎立，给人一种庄严崇高的感觉。牌坊上的匾依次写的是"继天立极""开物成务""开天明道"。"开天明道"牌坊，是明嘉靖二年，也就是公元1523年建造的。当初匾额上本来是"太昊宫"三个字，之后遗失了。到了清乾隆六年（1741年），天水知州李铉请杨应琚书写"开天明道"匾额，补了空缺，这个匾额依旧保持着明代的风格。牌坊下各立一石，刻有铭文，告诫过往行人：骑马者下马，乘轿者下轿，以表示对伏羲的尊敬。

先天殿又称正殿，它位于中院后部，是整个伏羲庙的中心，是建筑群的主体部分，也是祭祀伏羲氏的主要场所，因伏羲创画八卦而得名。先天殿的伏羲圣像为明代彩塑像，是我国保存最大的明代塑像，通高26.7米，纵深13.5米，面宽7间，通长26.7米，体形魁梧，身披树叶，目光炯炯，气宇轩昂，手托"先天八卦太极盘"。天花顶上彩绘伏羲八卦方位图和伏羲六十四卦方位图。建筑装饰大量采用了龙及珍禽异兽、奇花异草、山水树木、人物故事和六十四卦符。

大殿右边有一匹浑身有鳞、长着翅膀的龙马，是古代传说中的吉祥物。它本是龙，但有马的形状，从黄河中走来，鳞片下藏着图，就是藻井上画着的河图，也就是八卦。左边有一对叠在一起的磨盘，上面刻画着河图洛书。民间流传着这样一个故事：在伏羲时代，天降洪水，人类大部分都被淹死了，只留下伏羲和他的妹妹女娲幸免于难。为了使人类得以繁衍，他们决定结为夫妇，但这样做不符合伦理，两人很为难。最后两人背着各自的磨盘上了昆仑山的南北两山，将磨盘一齐从山顶往下滚。如果两石结合，就表示上天同意他们结为连理，结果天遂人愿。磨盘滚到山脚居然合二为一，于是二人成婚，繁衍了我们的民族。

太极殿又称寝宫，位于先天殿之后，依照古代前宫后寝的布局排列，面阔五间，进深4间，殿内雕梁画栋，尤其是窗棂上的团龙、团凤雕刻，完全采用透雕技艺，龙凤呈祥，形象逼真，栩栩如生，雕刻精美，国内罕见。

伏羲庙，庙院舒阔，古树森森，据记载，这些柏树都栽植于唐至明代，原有古柏64棵，是按伏羲先天六十四卦方位排列，现存37棵，这些柏树在当地老百姓的心中具有崇高的地位。

为了弘扬伏羲文化这一民族文化瑰宝，每年农历五月十三，相传是龙的生日，这里会举办节庆活动"伏羲文化旅游节"，海内外华夏子孙纷纷来到天水朝圣祭祖，观光旅游。根与源就在羲皇故里——天水，而凝聚根源香火的正是朝拜人宗的圣殿——伏羲庙。

4.2.4 秦安大地湾遗址

华夏民族最初的家园、中华民族肇启之地——大地湾，像一本正在揭开神秘面纱的历史教科书，用丰富的考古实迹和文献记载，将中华文明上溯到8000年前。这里就是大地湾，一个集秀美风光和历史内涵为一身的上苍垂青之地，在中华文明传承创新区建设的浪潮下，正在显现出迷人的风姿。

秦安县位于天水市区之北，地处渭河上游的陇中黄土高原，这里曾经是大唐皇族陇西李氏家族的发源地。秦安的历史要早于中国的任何一座城市。大地湾遗址就位于秦安县东北五营乡邵店村，距天水市102公里。遗址分布在清水河与阎家沟交汇处的第一、二、三级台地上，是一处距今8000年的史前遗址，是中国发现较早的新石器时代遗址。2006年发掘研究显示，大地湾遗址将人类活动历史由8000年前推至6万年前。该遗址出土了陶、石、玉、骨、角、蚌器等文物近万件，发掘房址241座，对探索中华文明的线索和原生面貌，揭示陇右与天水古代文化的考古编年和文化序列，都具有极为重要的价值。

从出土的生产工具和生活用具可以看出，出土的器物明显地反映出生产技术由粗到精的发展过程。生活用具中的陶器，已出土的有红陶、灰陶、彩陶；有手捏制、敷贴模制、轮制；有夹砂陶，泥质陶；有小、中、大各型器物，如钵、罐、盆、瓶、杯、尊等。陶器上装饰纹有绳纹、弧线、三角、条纹、勾叶纹；有变体鱼纹、鸟纹；有两兽相扑的写实纹、蛙纹；有圆点、条线、弧线组成的几何图形；有紫红色、黑色、白色和朱色彩绘。

大地湾遗址是一处规模较大的新石器时代遗址。1984年共揭露面积13700平方米，遗址总面积为110万平方米，出土房址238座，灰坑357个，墓葬79座，窑38座，灶台106座，防护和排水用的壕沟8条，各种骨、石、蚌、陶器、装饰器和生活器物共计8034件。

除陶器、骨角器、石器、蚌器、原始雕塑等艺术珍品外，特别值得一提的是大地湾的房屋建筑遗址，不仅规模宏伟，而且形制复杂。尤其是属于仰韶文化晚期（距今约5000年前）的F405大房子，是一座有三门开、带檐廊的大型建筑，其房址面积270平方米，室内面积150平方米，平地起建，木骨泥墙，其复原图为四坡顶式房屋。这一房屋的规模在我国新石器时代考古学文化中可以说是独一无二。

更引人注目的是F411房屋居住面上，绘图画案由人与动物构成，是我国目前最早的原始地画，这一发现为研究我国古代绘画史提供了极为珍贵的资料。大地湾遗址的房屋，多采用白灰面、多种柱础的建筑方法，充分显示了当时生产力的提高和建筑技术的发展。出土的石斧、石刀、陶刀等农业生产工具数量很多，贮存物品的大型陶瓮、缸、罐等贮藏器的大量出现，都说明和反映了其经济形态属于定居的、以农业为主的类型。

大地湾遗址根据地层共分为四期，其中一期为仰韶文化早、中、晚期。它的发现，在考古学上不仅对探讨甘肃东部地区考古编年与序列有着现实意义，也为研究仰韶文化的起源及文化多源学说提供了新的证据和资料。

大地湾遗址的发现，使人们逐渐勾勒出了传说中伏羲时代先民劳作生活的画面，史前的大地湾文明如一缕曙光，照亮了绵延至今的华夏文明。1988 年，大地湾遗址被国务院公布为第三批全国重点文物保护单位。1994 年，被确定为爱国主义教育基地。

4.2.5　舌尖上的天水

中国地域辽阔，生活方式繁复而驳杂，不同地区和不同民族在长期的生活实践中形成了一些独特的饮食习惯和烹饪技艺。

天水地处甘肃东南部，横跨长江、黄河两大流域，气候温暖湿润，物产丰富，素有"陇上小江南"之称。作为历史文化名城，天水饮食文化源远流长，具有深厚的文化底蕴。

全世界任何地方都找不到这样一种面皮的味道，这种味道在天水。天水面皮虽与各地面皮有相似之处，却又自成风格。一碗黄亮透明的酿皮子，加上油泼辣椒、精盐、酱油、蒜泥、芥末、香醋、芝麻酱等调料，再加一小撮青菜，具有色艳味美、油浓汁足、凉爽利口、喷香解暑之特点。天水面皮是天水市著名的地方风味小吃，天水各县区的每条街巷都有卖面皮的小馆、小摊，还有推车挑担串户叫卖。这种凉吃的食品，在夏秋炎热天里最受人们欢迎。

天水的早上是从一碗呱呱开始的。呱呱，是天水一带的一种特殊食品，有"秦州第一小吃"的美誉，多为荞麦淀粉加水在锅中以慢火烧制而成，待晾凉后即可出锅。食时切成小块，然后佐以特色调料，其口感绵软，味道香辣。初食者面对满碗流红的呱呱，定会咋舌、冒汗，而当地人尤喜以呱呱为早点。

天水呱呱历史悠久，相传在西汉末年隗嚣割据天水时，呱呱是皇宫里的御食。隗嚣的母亲塑宁王太后特别喜食呱呱，每隔三日必有一食。到了东汉，隗嚣兵败刘秀，投奔西蜀的孙述时，御厨逃离皇宫，隐居天水，后在天水城内租起一间铺面，专门经营呱呱。天水呱呱就这样留传下来了。

天水本土有名的另一种小吃——捞捞，学名荞麦凉粉。是先把荞麦碾成荞珍子，去衣后，把荞珍子用手工碾成粉末，放在清水中浸泡，然后用马尾编织的细箩过滤，滤出的精华部分入锅用慢火熬煮，熬成稀粥状后舀入盆中，冷却变得软硬适宜时，即可食用。

天水捞捞的最大特点是用一个特殊的器具将凉粉捞成长粉条状，使之更加容易入味，盛入碗中，调入油泼辣子、芝麻酱、醋、酱油、芥末、蒜泥、精盐、花椒面等佐料，吃起来顺滑可口，往往使人食欲大增，胃口大开。

浆水面是一种以浆水作汤，加上葱花、香菜等制作的面条，有清热解暑、治疗疾病的功效，可单独作饮料。在炎热的盛夏，喝上一碗浆水，会使人感到清凉爽快，又能解除疲劳，恢复体力。有高血压的患者经常吃些芹菜浆水，能起到降低和稳定血压的作用，对肠胃和泌尿系统的某些病症也有一定疗效。

天水碎面是天水非常有特色的一种面食，它是把擀成又薄又匀的面晾干后，切成长约1厘米的小面片，形状就如同麻雀的舌头一样，煮熟后浇上做好的臊子，再根据个人口味加上适量的油泼辣子、盐、醋后即可食用。天水碎面所用的臊子也极为考究，先把炒好的半生羊肉丁放入水中，用文火慢煮，等煮出香味来，再配入切成丁、粒与细条形的海带、榨菜、鸡蛋饼和虾皮等，烩煮成香味浓郁的臊子。食时，在煮好的碎面上浇淋上臊子，放上一撮香菜，调上醋、盐、油泼辣子、味精等，香气扑鼻，令人食欲大增，配上切得细碎的小菜，感觉很是享受。吃碎面时，因面切得非常细小，配菜也随其形以细为佳，故多不用筷子，而用汤匙。

　　天水地方风味小吃真切地反映了天水民俗的底蕴，品种繁多，形式多样，制作方法精细。一大批独具特色的地方风味小吃历经千年，经久不衰，充分展现出天水饮食文化具有极其旺盛的生命力，凝结着天水人民的聪明才智和创造精神。

4.3　导游养成

4.3.1　案例阅读

一个导游的自述：因为热爱，所以坚持

第一次留有印象是在赛场的电梯口，我们随身拿着不少东西，冯敬当时也在候梯，他本能地谦让还主动询问、帮助记者，我们并不知道这位年轻的小伙是谁，那时只是对他的善意充满感激。

后来随着赛事的进行，我们总能在会场上遇见这位面带微笑的大男孩，直至他登台比赛，我们才了解到他也是此次比赛的选手，一位来自山西省晋中市榆次区旅游集散中心的导游员。更可喜的是，冯敬最终以自己优异的表现获得了本次导游员大赛的一等奖。为了能更多地了解他，我们在赛后又见到冯敬，希望能用文字来记录他的一些点滴，以此来见证一个优秀青年的成长。

（一）儿时梦想　现实选择

获奖后经常会有人问冯敬，为什么从事旅游工作，做一名导游？他说因为热爱。

他从小就对历史、地理有特殊的爱好，喜欢看人物传记、国家地理一类的课外书，经常梦想能像徐霞客一样走遍大江南北，领略奇山秀水。所以在填报志愿时，他毫不犹豫地选择了晋中职业技术学院旅游管理专业，因为他觉得只有当导游才能真正实现自己儿时的梦。冯敬说，自己很幸运，大学时读了感兴趣的专业，毕业后做了喜欢的工作。他的生活与旅游息息相关已有5年之久，因为喜欢旅游，让他更热爱导游的工作，因为他的努力，也把旅游的快乐带给了更多的人。

刚做导游的时候，冯敬和大多数人一样，对导游的认识仅限四个字——游山玩水。直到他带着无限好奇和新鲜感走进旅游、从事旅游后，才慢慢发现，旅游是一口永不枯竭的井，只要愿意汲取，便会有不尽的甘甜。在这个平台上，每次面对不同的游客，都可以有自己的个性空间，自由地展现、挥洒。从事这个行业很辛苦，但同样可以收获快乐，获得路上的精彩。

同样，5年的从业经验也让冯敬很庆幸，他说，通过自己的努力，能让更多人走进山西、认识山西、记住山西；在每一次旅游服务，每一次解说以及和来客的交往中，他也结识了很多南来北往的朋友。

"热爱是导游入行的起点。"冯敬做到了，这也是他做好导游工作的动力源泉。他坚信当好一名导游，不但要怀有对景点的热爱，还要有对游客的热情、诚心和爱心。只有真诚

地热爱导游工作，才能无微不至地关怀游客，用真心服务游客，用真情感染游客。冯敬经常告诫自己，游客们离开家乡，导游员就是离他们最近的亲人，要做一名优秀的导游员光有广博的知识还不够，还要把爱心献给游客，让他们体会到温暖，感受到温馨，享受到欢乐。

（二）服务他人　快乐自己

从忐忑不安的第一次带团，从一次次早出晚归、精疲力尽，导游的职业生涯里，总有讲不完、道不尽的故事。冯敬从景区讲解员到旅行社导游员，再到政务导游员。工作在不断地变化，服务游客的岗位也不同，但他觉得收获的快乐是相同的。冯敬开玩笑说，自己虽没有湖南导游文花枝那般感人肺腑的经历，但从一点一滴积攒下来的导游小故事，也足以让他慢慢品味。

2010 年上海世博会期间，旅行社带团量很大，几乎每次一下团，顾不上休息，又要带上新的客人出发。虽然很累，但是每次出发前，冯敬除了备齐常规的带团物品，还会特意带上大容量的保温瓶，里面盛有解渴消暑的绿豆汤。一下火车，经过十几小时的长途颠簸，加上上海盛夏的高温热浪，游客不免口干心燥，这时冯敬随身的保温瓶便派上了用场，大家每人一杯绿豆汤，清心消火之后游客们开始了世博园的游览。"那年夏天，我带的旅游团中没有一人中暑，同事们都笑称这是绿豆汤的能量。"冯敬说到这时，又露出了他的标志性微笑，"虽然这些在大家看来都是小事，但正是细节上的服务，让出门在外的游客感受到家的温暖。"

还有一次，冯敬带 40 名退休教师前往河北参观。这批游客中，年龄最大的已经 75 岁，最小的也有 64 岁了。抵达第一站西柏坡的时候已经是晚上了，突然，有位老人痛风病发，疼痛难忍，急需医治。年轻的冯敬，以少有的冷静迅速安排好其他客人后，立即陪同这位老人到医院就诊，楼上楼下一项一项地检查，向医生一遍一遍地询问，等拿药回酒店的时候已经是深夜了，怕老人着凉，他又把外套脱下来披到老人身上，搀扶着回到房间。根据医生建议老人需要休息一段时间，此后几天，每次出发前冯敬都先安排好老人的生活，回到酒店后也第一时间去老人房间探望，陪老人聊天解闷儿。经过治疗，老人的痛风得到了缓解，冯敬却感冒了。团中的几位阿姨见他十分难受，纷纷给他送来了药，还亲切地嘱咐他要多喝水，按时吃药。当时，冯敬也深受感动，同时他也体会到了导游工作的真谛：当我们把游客当作朋友、亲人时，快乐的就不仅是游客，还有自己。

（三）坚持梦想　成就自己

2011 年，冯敬迎来了职业生涯的一次转折，从一名旅行社导游员成了专职政务导游。为了做好政务接待，他对自己提出了更高的要求：在学习上勤奋刻苦，不断提升自身素质和文化素养；在接待中，不仅走在前、讲在前、想在前，而且每次完成任务后认真总结，找出不足；多方查找资料和积累知识，在专业性的讲解中加入文化性和趣味性。

从事政务导游工作以来，他已成功地接待了多位中央、省市各级领导，受到了大家的好评和称赞，并完成了多次大型会议接待，如世界文化遗产地政协主席联席会议，全省党代表工作室现场会，全省食品安全责任监督现场会，全省旅游行业稳增长、促发展现场会等。

冯敬热爱自己的岗位，并让自己在岗位上快乐地工作，把为游客提供优质服务作为崇高的精神追求。他说："导游对自己而言不仅仅是一份简单的工作，更是一份让自己为之奋斗终身并始终骄傲着的事业。"

怀着对旅游事业的热爱，凭着对导游工作的执着，冯敬认真学习业务知识，积极提高业务能力。2009 年 8 月他参加乌金山导游评选，获得"十佳导游第一名"；2010 年 12 月，参加榆次区政务导游选拔，获得"金牌导游员第一名"；2012 年 6 月，榆次区旅游局授予他最高三星级导游员；2012 年 7 月参加晋中市第二届导游大赛，获得"晋中市优秀导游员"。2012 年 9 月，获山西省旅游局首届政务导游员资格；2012 年 10 月在晋中市文物局举办的文博系统讲解员大赛中获得三等奖；2011 年、2012 年两度荣获榆次区文物旅游局颁发的"优秀工作者"；2013 年 10 月，参加晋中市第三届导游大赛，获得二等奖。

"将快乐带给客人，是我的选择。"冯敬平时的一句话道出了他不平凡的追求。他说，作为导游，可以踏遍祖国的山山水水，可以结交五湖四海的朋友；作为导游，可以传播中华五千年的文化，可以宣传大自然的鬼斧神工；作为导游，梦想可以飞翔在广阔的蓝天，也可以奔跑在无垠的大地；作为导游，五年的导游生涯让他感受到了这份工作的乐趣，时光不会停留，属于自己的，只有那一段段美丽的回忆和一个个南来北往的朋友，自己已经深深热爱上了这份普通却不平凡的工作——导游员。

💬讨论

1. 作为一名优秀的导游，仅仅具备丰富的知识就可以吗？
2. 在职业选择中，什么因素是最重要的？

4.3.2 技能提升

（1）一章一测（理论测试 10 题，每题 5 分，共 50 分）

1. 甘肃是一个多山的省份，在甘青交界处有终年积雪的阿尔金山和祁连山，而在甘肃和宁夏交界处则屹立着（　　　）。

A. 六盘山　　　　B. 昆仑山　　　　C. 合黎山　　　　D. 祁连山

2. 甘肃有"中国花卉之乡、中国民间艺术之乡"之称的是（　　　）。

A. 渭源县　　　　B. 临洮县　　　　C. 通渭县　　　　D. 陇西县

3. 甘肃有"中国黄芪之乡"之称的县是（　　　）。

　　A. 渭源县　　　　　B. 临洮县　　　　C. 通渭县　　　　　　D. 陇西县

4. 有"西控青海，南通巴蜀，东去之秦"之说，历来是兵家必争之地，指的是（　　　）。

　　A. 兰州　　　　　　B. 合作　　　　　C. 岷县　　　　　　　D. 夏河

5. 位于甘肃中部具有典型的黄土高原丘陵沟壑地貌，被誉为"风神捏就的世界"，指的是（　　　）。

　　A. 天水　　　　　　B. 甘南　　　　　C. 临夏　　　　　　　D. 定西

6. "峭壁之间，镌石成佛，万龛千窟，虽自人力，疑是神功"，这是古人对修建（　　　）工程的艰险所发出的感叹。

　　A. 莫高窟　　　　　B. 榆林窟　　　　C. 麦积山石窟　　　　D. 大像山石窟

7. 麦积山是典型的（　　　）。

　　A. 喀斯特地貌　　　B. 雅丹地貌　　　C. 丹霞地貌　　　　　D. 岩溶地貌

8. 伏羲创始八卦的地方是（　　　）。

　　A. 伏羲庙　　　　　B. 玉泉观　　　　C. 卦台山　　　　　　D. 南郭寺

9.（　　　）是天水伏羲庙的主体建筑。

　　A. 先天殿　　　　　B. 太极殿　　　　C. 太昊宫　　　　　　D. 人宗庙

10. 麦积山现为（　　　）风景名胜区。

　　A. 县市级　　　　　B. 省级　　　　　C. 国家级　　　　　　D. 世界级

（2）一章一练（导游讲解，撰写导游词并进行讲解，每篇时间 5 分钟内：天水麦积山、天水伏羲庙、渭河渭河源）

一章一测参考答案：1.A　2.B　3.D　4.C　5.D　6.C　7.C　8.C　9.A　10.C

（3）综合评价

景点名称				姓名	
理论测试（50分）	导游词撰写（20分）		导游词讲解（30分）		
	结构完整（10分）	文字优美，字数在800～900字（10分）	声音响亮，音色优美（10分）	仪态大方得体，语速适当（10分）	讲解熟练，时间在4～5分钟（10分）
总得分（满分100分）					
需要改进的方面					

第 5 章

黄河奇观圣地游（北线）

● **知识目标：**

掌握白银、会宁等地的历史沿革、黄河文化和红色旅游资源知识。

● **能力（技能）目标：**

学生储备一定的关于白银的黄河文化以及会宁等地的红色旅游资源知识，讲好红色革命故事，弘扬革命传统，丰富自己的导游讲解内容，完善导游专业知识体系。

● **素质目标：**

中华民族的母亲河——黄河发源于青海，成河于甘肃。黄河文化、古城遗迹遍地皆是；望黄河滚滚，浩浩荡荡，黄河母亲自然天成的声声回响孕育了华夏文明和中华民族精神，让每一个黄河儿女为之动容和自豪。通过本章的学习，增强学生讲好家乡故事的使命担当和文化自信。

● **拓展学习：**

扫码学习本章拓展阅读知识。

5.1 中国铜城——白银

5.1.1 白银概况

白银市位于甘肃省中部，黄河上游，总面积2.12万平方公里，占甘肃总面积的4.4%，是甘肃省辖的一个地级市，是全国唯一以贵金属命名的城市。正如其名字一样，白银充满着神奇和魅力。据文字记载，白银矿藏的开采，始于汉代，大约距今600年前的明朝洪武年间，官方曾在此设立"白银厂"，白银的地名由此而来。新中国成立后，国家在此设立了有色金属联合企业，使白银成为新中国第一个闻名遐迩的"铜城"。

白银历史悠久，已经发现新石器时代的文化遗址有16处之多，距今5000多年前就有人类在这里繁衍生息，从事原始农业。1936年10月，举世闻名的中国工农红军一、二、四方面军会师会宁，在中国革命史册上写下了光辉的一页。

白银的民间技艺主要有剪纸、刺绣、手工编制、蛋雕、砖雕、木雕、石雕、彩陶、羊皮筏子、黄河水车等。民间剪纸历史悠久，流传很广，每逢新春或喜庆日子，家家户户用五颜六色的彩纸，剪成各种花鸟、动物和人物故事的图形，来装饰自己家的窗户和门面，凸现民间技艺，营造喜庆气氛。黄河筏子俗称羊皮筏子，又称皮囊，是古代黄河上一种重要的交通工具，如今，黄河筏子不再是交通工具，已成为休闲娱乐的水上游乐项目。

黄河石林，国家地质公园、国家AAAA级旅游景区，位于甘肃省白银市景泰县境内，距甘肃省会兰州市130公里。

5.1.2 大漠黄河石林

黄河石林地处甘肃省白银市景泰县境内，现为国家 AAAA 级旅游景区、国家地质公园。黄河石林是一座集地质构造、自然景观和人文历史于一体的综合性地质公园。景区内，黄河、沙漠、绿洲、戈壁、农庄巧妙地融合在一起，堪称"中华自然奇观"。

进入石林，必经一条公路，就是二十二道弯的盘山公路，黄河石林国家地质公园位于甘肃省白银市景泰县龙湾村境内。

龙湾村被称为"黄河倒流处隐藏着的世外桃源"。大浪东去的黄河，到了龙湾村这个地方，突然来了一个"S"形的大转弯。石林与黄河山水相依，绿洲与戈壁隔河相望，对比鲜明，动静结合，一阴一阳，高空俯瞰，犹如一幅太极八卦图。在一派苍凉的荒漠山丘之中，顺着黄河的流水，龙湾村出现了，这里庄稼平整，果树茂密，房屋错落有致，屋顶炊烟袅袅……一切都宛若世外桃源一般。

龙湾村被发现之前一直与世隔绝，它通往外界的路只有两条：一条是坐羊皮筏子走水路穿过峡谷；另一条是峭壁上的羊肠小道。因此这里很少遭遇战火，过着与世隔绝的生活。

黄河石林是由众多峭壁、岩柱组成的独特峰林，在 10 平方公里的范围内呈狭长带状分布，场面宏大，气势磅礴，原始、亘古、苍莽、纯粹……这里是笼罩在浓郁梦幻色彩中超越时空的造物杰作。

走进鬼斧神工般的黄河石林峡谷，你会激动不已，仿佛走进了童话世界，又仿佛是梦境重游，直冲云霄的"石笋"、仰天长鸣的"骆驼"、和蔼可亲的"老者"，还有"木兰远征""月下情侣""天桥古道"等，造型各异，形象逼真。

根据地质专家勘测，黄河石林大约形成于 210 万年前的新生代第四纪。石林所在地区曾经是幽深的黄河古道，后来由于河床逐渐下降，石林慢慢裸露出水面。和美国科罗拉多大峡谷的成因一样，黄河石林由于经过黄河水百万年的冲刷形成，大约平均每一万年向下冲刷出 1 米。

黄河石林中最大的沟谷是饮马沟大峡谷。谈到石林，人们往往想到的是云南的路南石林；但不同的是，云南石林的主要成分是石灰岩，而黄河石林的主要成分是洪积沙砾岩。砂砾岩的结构比较松散，形成得比较快，销蚀得也比较快，所以它是一个非常年轻的地貌，也是一个非常短命的地貌——这正是它的稀有和珍贵所在。

从形态规模上看，云南石林的平均高度是 60 ~ 80 米，黄河石林的平均高度是 80 ~ 200 米，最高处是 210 米，比云南石林要雄伟壮观得多。

大自然以万古之力、变幻之功，赋予了黄河石林超凡之气与浩荡之神。正是这种雄、险、奇、古、野、幽的原始风韵，使黄河石林成为影视剧的最佳外景拍摄地。《天下粮仓》《汉武大帝》《花木兰》《决战刹马镇》等影视剧都曾在这里取过景。

从龙湾村到饮马沟峡谷的入口只能乘坐羊皮筏子顺流而下。羊皮筏子在黄河文化中的历史可谓源远流长，"千年筏子百年桥，万里黄河第一漂"。羊皮筏子古称"革船"，是一种简易渡河的运载工具，据史载可查，至少有 2000 多年的历史。

龙湾的羊皮筏子是最正宗的，每个筏子最多只能坐 3～4 人，人在筏上，筏在河中，两岸景致似巨幅画卷，在面前绵延开来，沿河风情尽收眼底，滔滔黄河水载着千年的沉重滚滚而去。

在羊皮筏子上远望，黄河两岸一边是绿意盎然的世外桃源，一边是悬崖峭壁的黄河石林。山的梦幻、河的灵秀、绿洲的静谧、戈壁的空灵在这里融为一体，给人以美的享受！

5.1.3　红军三大主力会师地——会宁

　　1936 年 10 月红军三大主力一、二、四方面军在甘肃会宁会师，标志着举世闻名的二万五千里长征的胜利结束。这一刻，是中国革命走向胜利的转折点。从此，中国工农红军形成一个拳头，开创历史新纪元。

　　会宁是长征期间三个方面军齐聚一起实现大会师的唯一地区，也是红军到达人数最多、停留时间最长的地区之一，是红军数次会师中规模最大、影响最广、意义最深远的一次。三大主力红军会师是长征胜利的标志，是革命力量大团结的典范，是中国革命走向胜利的转折点，是毛泽东军事路线重大胜利，张国焘分裂主义路线彻底失败的标志。作为长征的会合点，会宁与出发点瑞金、转折点遵义、落脚点延安一道成为中国革命圣地。

　　1986 年红军会师五十周年大庆前夕，会宁修建了由邓小平亲笔题写塔名的"中国工农红军一、二、四方面军会师纪念塔"，会师纪念塔三塔合抱，第 11 层封顶，三塔合为一塔，象征红军三大主力会师。红军会师革命文物陈列馆内陈列有红军在会宁会师期间留下的革命文物，其中国家一级革命文物 2 件、二级革命文物 9 件、三级革命文物 14 件。将帅碑林建于中国工农红军三大主力会宁会师六十周年之际，有老一辈无产阶级革命家、党和国家领导人、老红军战士、社会知名人士题词共 300 多幅。会师门原为修建于明洪武五年的会宁西城门，古称西津门。红军骑兵千里奔袭会宁时，首先攻开此门，打开了胜利通道，为纪念红军三大主力会宁会师，改称为会师门。

　　走进会宁城区，沿街每个路灯灯柱上，都装饰有红一、二、四方面军的军旗。在会宁，很多人说："小时候家里人给我们讲故事，讲的就是红军长征。"每一个上了岁数的老人，都有说不完的红军故事。这些珍贵的记忆和会师留下的诸多旧址，是抹不去的红色记忆、割不断的革命情结，是会宁人的宝贵财富。会宁会师留给我们的长征精神，将永远激励着中华儿女，不断克服恶劣的自然条件，开拓进取。会宁被列为全国重点红色旅游城市之一，成为享誉全国的红色旅游胜地。

5.2 导游养成

5.2.1 案例阅读

最美导游：梁超智

我是来自肇庆星湖国际旅行社有限公司的导游梁超智，从事导游工作以来，我用爱心、细心、专心的品质，全心全意地为游客服务。在政治思想上，做到热爱祖国，热爱社会主义，热爱肇庆，热爱自己的本职工作；在接受带团任务时，专挑难团、辛苦团带；在服务意识上，热情、认真、高效率，强调具有超前敏感的服务意识；在工作能力上，坚持培养自己良好的协调组织能力和沟通能力，做好旅游工作中的桥梁。在工作中，严以律己，较好地完成了各项工作任务。旅游团队出发时，详尽地告诉游客旅游中应注意的所有事项；旅游过程中，了解游客的需要，为他们提供热情周到的服务，遇到团队中有特殊需要的游客时，根据他们的具体情况合理安排饮食及行程。

2002年初冬，我接待一个香港旅游团在贺州、梧州参观游玩。当客人游完梧州市内景点到宾馆休息时，有两名游客不舒服，我立即和领队一起带这两名游客到附近的医院看病治疗，直到两名游客症状缓解才返回酒店。到凌晨，客人又不舒服，我马上带客人去医院复诊，最终整个带团任务得以顺利完成。

带团讲解时，我采用生动形象的讲解词，让游客能更好地了解到参观地的情况。在讲解中，根据游客的年龄、工作与兴趣来讲解。把肇庆作为旅游目的地的团队很多，特别我社主要以接待港澳游客为主，但为了能让港澳游客了解更多的肇庆历史名人，工作之余我阅读了大量与本地历史相关的书籍，增长了自己的知识量，使每一个到肇庆旅游的游客都能了解到我们家乡的丰富内涵，从而提高肇庆在港澳游客心目中的地位。带团过程中，遇到游客提出的各种要求，我在不损害旅行社利益的情况下，本着为游客服务的宗旨，尽力满足游客的要求。每次遇到公司的大型包团，我都会主动挑起重任，尽心尽力地把公司的接待任务完成。遇到有游客不小心将手机、钱包或其他物品遗落到旅游车上时，积极帮助游客寻找遗落的东西，找到后送到游客住宿的酒店或是帮助游客邮寄过去，减少了游客的损失。

在作风上，我能遵章守纪、团结同事、务真求实、乐观上进，始终保持严谨认真的工作态度和一丝不苟的工作作风，勤勤恳恳，任劳任怨。在生活中发扬艰苦朴素、勤俭耐劳、乐于助人的优良传统，老老实实做人，勤勤恳恳做事，时刻牢记导游的责任和义务，严格要求自己，在任何时候都起到带头作用。

在我心里始终有这个理念：导游是形象大使，是代表国家、代表企业、代表家乡的一线工作人员，导游的一举一动都被游客看在眼里，刻在记忆里。导游要积极向上，奋发进取，学无止境。"壁立千仞无欲则刚，海纳百川有容乃大"，不畏征途的艰难与险阻，始终坚信未来的光明与美好，真正意义上为肇庆旅游事业添砖加瓦，继续努力着、奋进着。

💬讨论

1. 案例中导游的哪些行为值得我们学习？

2. 我们如何才能成长为梁超智这样优秀的导游？

5.2.2　技能提升

（1）一章一测（理论测试 10 题，每题 5 分，共 50 分）

1. "（　　　）"的人文景观和"黄河石林"的自然景观交相辉映，形成了白银独特的旅游资源。

A. 石窟艺术　　　　B. 寺庙建筑　　　C. 自然风光　　　　　D. 会师圣地

2. 白银市位于中国甘肃中部黄河上游，因铜矿储量和开采在全国地位显著，又称"（　　　）"。

A. 铜城　　　　　　B. 钢城　　　　　C. 矿炉　　　　　　　D. 金城

3. 白银市早在（　　　）就有采矿业。

A. 清代　　　　　　B. 秦代　　　　　C. 汉代　　　　　　　D. 唐代

4. 由成龙主演的电影《神话》曾经在（　　　）取景。

A. 文庙大成殿　　　　　　　B. 景泰黄河石林

C. 会师纪念塔　　　　　　　D. 红军长征历史纪念馆

5. 会宁城郭形如凤凰展翅，故有"（   ）"之称。

   A. 金城   B. 铜城   C. 钢城   D. 凤城

6. 1936 年 10 月中旬，中国工农红军第（   ）方面军三大主力红军终于在会宁地区实现了大会师，这是红军二万五千里长征胜利结束的标志。

   A. 一、二、三   B. 一、二、四   C. 二、三、四   D. 一、三、四

7.（   ）新建的红军长征纪念馆已被确定为爱国主义纪念馆，这是目前国内最大也是唯一全面反映长征历史的纪念馆。

   A. 静宁县   B. 会宁县   C. 景泰县   D. 山丹县

8. 黄河石林生成于（   ）万年前的新生代第四纪早更新世。

   A.210   B.310   C.410   D.230

9. 会宁县（   ）是长征三军会师军训联欢会的地方。

   A. 文庙大成殿   B. 城隍庙   C. 西门楼   D. 西津门

10.（   ）作为中国工农红军长征中的"四大聚集点"之一，标志着举世闻名的二万五千里长征的胜利结束。

   A. 会宁   B. 瑞金   C. 遵义   D. 延安

（2）一章一练（导游讲解撰写导游词并进行讲解，每篇时间 5 分钟内，主题：景泰黄河石林、会宁会师红军纪念馆）

一章一测参考答案：1.D   2.A   3.C   4.B   5.D   6.B   7.B   8.A   9.A   10.A

（3）综合评价

景点名称				姓名	
理论测试（50分）	导游词撰写（20分）		导游词讲解（30分）		
	结构完整（10分）	文字优美，字数在800～900字（10分）	声音响亮，音色优美（10分）	仪态大方得体，语速适当（10分）	讲解熟练，时间在4～5分钟（10分）
总得分（满分100分）					
需要改进的方面					

第6章

道源胜境黄土风情游（东北线）

● **知识目标：**

了解并掌握平凉的主要旅游资源，了解中国道教文化；了解庆阳的旅游资源，认识香包、剪纸、皮影戏等民间艺术和民俗风情。

● **能力（技能）目标：**

学生储备一定的关于平凉、庆阳等地的文化、历史、自然、人文旅游相关知识，能熟练讲解以上知识，丰富自己的导游讲解内容，完善导游专业知识体系。

● **素质目标：**

了解六盘山上峥嵘岁月、崆峒山顶天下绝秀以及遍布各地的红色文化和道源文化，情寄于陇东名山大川之间，使同学们对家乡历史悠久、丰富多彩的旅游资源和文化感到无比的自豪，增强讲好家乡故事的使命担当和文化自信。

● **拓展学习：**

扫码学习本章拓展阅读知识，观看特色视频微课。

6.1 道源圣地——平凉

6.1.1 平凉概况

平凉市地处陕西、甘肃、宁夏三省区交汇处，是"丝绸之路"重镇，是甘肃东部重要的区域性中心城市，全市常住人口约 182 万人。

平凉属于半干旱、半湿润大陆性气候，年平均气温 8.5℃，境内四季分明，气候宜人，生态良好，森林覆盖率 31%，盛产小麦、玉米、土豆、谷类，有"陇东粮仓"之美誉。境内党参、黄芪、甘草等 150 多种中药材和山药、百合、蕨菜等特色农产品丰富多样，是甘肃主要农林产品生产基地、西北重要的畜牧业基地和中药材产地，是农业农村部划定的全国苹果最佳适生区。

平凉煤炭资源丰富，全市煤炭地质储量 650 亿吨，石油资源量 4.3 亿吨，是全国 13 个大型煤炭基地之一、全省最大的煤电化产业基地。

平凉是中华文明的发祥地之一，早在 3000 多年前，周朝先祖就在泾河流域创造了比较先进的农耕文化。公元 376 年，前秦灭前凉，置平凉郡，取"平定凉国"之意，平凉之名始见于册。历史上曾孕育出针灸学鼻祖皇甫谧、唐代著名宰相牛僧孺等彪炳史册的杰出人物。平凉境内历史文化遗存众多，现已发现仰韶、齐家等各个时期的文化遗址 2000 多处，有全国重点文物保护单位 12 个，省级重点文物保护单位 65 个。崆峒山道源文化、古成纪伏羲文化、西王母远古文化、皇甫谧医学文化独具魅力；出土的佛舍利金银棺、西周青铜器、南宋货币银盒等文物，被誉为"中华之最"。

平凉历史悠久，文化灿烂，旅游资源丰富。这里有天下"道教第一山"——崆峒山、王母宫——西王母降生处、华夏人文始祖——伏羲氏诞生地古成纪、西周第一台——古灵台等历史遗址。

6.1.2　崆峒山

崆峒山位于甘肃省平凉市城西 12 公里处，属六盘山的支脉，是国家重点风景名胜区，被文化和旅游部授予国家 AAAAA 级旅游景区。崆峒山拥有大小山峰数十座，方圆约 90 平方公里。崆峒山集自然美、历史美、人工美、传说美于一身，山川秀丽，有"西镇奇观""西来第一山""天下道教第一山""十二仙山""七十二境地"等美誉。

关于崆峒山名称的来历，有很多说法。第一种说法，与道教"空空洞洞，清静自然"的观念有关。第二种说法，据史书记载，早在商周时期，这里就是空同氏部族的居住地，所以崆峒就变成这座山的名称了。第三种说法也是大家最认可的一种，"崆峒崆峒，遍山空洞，洞洞相连，山山相通"。从文字学的角度来说，物体内部虚空就是"空"字和"同"字。而山有洞穴，自然就是"崆峒"了！

说到洞，真是洞洞有传说，洞洞有故事！这里有一个玄鹤洞的故事。相传黄帝问道之时，洞中有双鹤飞出，有人说，这对玄鹤本来是广成子座前的童男童女，耳濡目染，最终得道，化作仙鹤了；也有人说，这对童男童女，整天待在一起伺候广成子，时间长了日久生情，结果触犯了道规，被罚到凡间当仙鹤。

崆峒山集峰、石、洞、峡、水和林木为一体，构成了独具特色的自然景观，给人一种别有洞天的感觉。它的瑰丽、苍翠、清秀、俊逸，让我们叹为观止。有人说崆峒山既凝聚了泰山、华山的旷达气势，也凸显了庐山、峨眉山的秀丽风姿。明朝才子赵时春说它"有北国山势之雄，又并南国山色之秀"。

崆峒山可谓是得天地之精华，纳人文之底蕴。相传，上古仙人广成子和赤松子云游四方，最后选定了崆峒山为栖息修炼之地，在这里成仙得道。

人文始祖轩辕黄帝曾两次登临崆峒山，向广成子求教养生之术和治国之道。于是崆峒山就名闻天下，成为我国道教的发祥地之一，应了那句诗："山不在高，有仙则名。"崆峒山最东面有一座突兀而立的高峰望驾山，相传这就是黄帝驾临而得名的。

崆峒山还是一处三教合一的宗教摇篮。崆峒山因道家供奉的上古神仙广成子在山中修炼得道，而被尊为道教宗主山。佛教在崆峒山历史悠久，已有 1500 多年的历史，唐朝时山上的佛教活动已经具相当规模，崆峒山上的佛教寺院达 19 处，现在崆峒山道、佛并存，有一种包容一切、雍容大度的和谐气氛，这成了崆峒山有别于其他名山的独特现象。

崆峒山还培育了一批儒家学者，最著名的就是中国古代著名的唯物主义思想家——汉代的王符和王充，著有《潜夫论》；晋代大医学家皇甫谧隐居此山中，采药著述，研习针灸，著成《针灸甲乙经》。

说到崆峒山，不得不提的就是崆峒武术了。崆峒山是中国五大武术流派——崆峒派的发祥地，也是中国武术的发祥地之一。崆峒武术和少林、武当、峨眉、昆仑并称为我国的五大武术流派。崆峒武术有三个特点：中国发源最早的武术；以养生、修身为主；"天下奇兵出崆峒"说的就是崆峒武术的兵器，崆峒武术的兵器以奇见长。

悠久的历史和雄奇秀美的自然景观，使崆峒山成为历代君王和文人骚客竞相拜谒的名山，从司马迁、皇甫谧、杜甫、白居易再到周穆王、秦始皇、汉武帝这些传奇帝王，无不把登临崆峒当作人生幸事。不知道是崆峒山的灵秀启迪了他们，还是他们为崆峒山增添了几丝风采和神韵？

最后，用一首诗来总结崆峒山："万顷林海隐寺观，曲径通幽别有天。兼备南北神奇秀，中国道教第一山。"

6.1.3　庄浪梯田

庄浪梯田位于甘肃省平凉市庄浪县。被誉为"梯田王国"的庄浪大地，层层梯田，如雕如塑，如诗如画，将黄土高原精心描绘成一幅景色迷人的风景画。

从 20 世纪 60 年代起，酷暑严寒吓不倒、贫穷饥饿压不垮的 40 万庄浪人民自强不息、艰苦创业、治水不休，坚持不懈地开展了以兴修水平梯田为中心，实行山、水、田、林、路综合治理的生态环境建设，苦战 30 多个春秋，终于建成了占全县总耕地面积 90% 以上的百万亩水平梯田，在庄浪历史上写下了最为壮丽的一页，也写下了一串令世界惊叹的数字：庄浪人民修梯田付出了巨大的劳动量，移动土方量达到了 2.96 亿立方米，如果堆成一米见方的土墙，可绕地球六圈半。梯田化县的建成，奠定了庄浪农业产业化和可持续发展战略的基础。

一把铁锨，一辆手推车，就是庄浪人建造梯田最初使用的工具。移动土方是高强度体力劳动，造田初期人们生活穷困，多数人还挣扎在温饱线上，同时由于缺乏科学指引，加之黄土高原丘陵地带土质疏松不稳，意外滑坡事故时有发生，很多人为梯田建设付出了生命的代价。

如今，走遍庄山浪水，放眼碧野蓝天，被誉为"梯田王国"的庄浪生态梯田综合治理模式，使得慕名前来考察的日本、以色列农业专家情不自禁地称赞："这是庄浪人民在黄土高原上精心描绘的一幅景色迷人的风景画，简直是世界奇迹！"

1998 年以来，庄浪获水利部命名的第一个"中国梯田化模范县"，国家林业和草原局授予其"全国生态环境建设先进县"等称号。2002 年 8 月，中宣部在人民大会堂举行"庄浪精神——再造一个秀美山川"报告会。日本、以色列、美国等十多个国家的专家先后考察庄浪梯田，叹之为"世界奇迹"。2007 年庄浪县投资 250 万元建成了 523 平方米的具有现代风格的"中国梯田化模范县纪念馆"，同年，庄浪梯田又被平凉市委命名为"平凉市爱国主义教育基地"。2008 年，享誉全国的庄浪梯田又被省文物局推荐申报第七批全国重点文物保护单位。

6.1.4 泾川王母宫石窟

泾川王母宫传说是西王母的降生地、发祥地和其祖庙所在地，位于平凉泾川县城西1公里的回山之上。据碑刻史料和文物古迹考证，王母宫始建于汉武帝元封元年（公元前110年），后经宋初、明嘉靖年间两次重修，是中国最早、最大的西王母祖庙，清代毁于兵燹，1992年7月12日，西王母诞辰纪念日，泾川县在海内外各方各界的大力支持下，重修了王母宫大殿、东王公大殿等主体建筑。位于泾河对岸的大云寺，历史上是武则天敕令珍藏《大云经》的皇家寺院，由隋代大兴国寺改建而成。1964年因发掘出盛装14枚佛祖真身舍利的金棺、银椁等而轰动海内外，被称为当年中国"十大考古发现"之一。1969年大云寺遗址范围内发现北周宝宁寺地宫，再次出土石函、二重鎏金铜函、琉璃瓶供养佛舍利32粒。2012年12月，大云寺遗址内先后两次发现大量窖藏佛像。2013年1月又在佛像窖藏旁发现宋代龙兴寺地宫一处，第三次出土琉璃瓶盛装佛舍利2000余粒，被认为是"古丝绸之路上的重大考古发现"。

王母宫所在地"回山"一名的由来也是众说纷纭。有的说是周穆公游历泾川在瑶池会见了西王母之后，临别时一再回顾，恋恋不舍，回山由此得名。又有典籍记载，说是西王母姓杨名回，所以她的下凡之处也就被称为回山，居住之所便被称为回屋。

王母宫石窟位于回山脚下，是我国"丝绸之路"上的著名石窟之一，是北魏太和年间开凿的佛教遗存，与西王母的圣迹没有任何联系，只是因为它的腹地石窟位于回山王母宫脚下，后人便称其为王母宫石窟。

王母宫石窟现为甘肃省重点文物保护单位。王母宫石窟是一座中心塔柱结构的大型石窟，共雕有大小佛像200余尊，造型精美，形象逼真，既有神情肃穆的佛祖，也有端庄俊秀的菩萨；既有生动的飞天，也有勇猛的力士；既有敦厚的大象，也有神秘的长龙，真可谓丰富多彩，琳琅满目。置身其中，仿佛进入了一个艺术的天堂。

6.1.5　陇东石窟明珠之南石窟寺

南石窟寺俗称东方洞，位于甘肃省泾川县城泾河北岸的山崖上，是我国北魏至唐代佛教石窟寺。据《南石窟寺之碑》所记，石窟开创于北魏永平三年（510 年），开窟人为泾州刺史奚康生，与庆阳北石窟寺同被誉为"陇东石窟双明珠"。

南石窟寺从东往西呈一字排列，共有 5 个洞窟，均坐北朝南，现在仅有 1 号和 4 号窟有佛造像，2、3、5 号窟已成空窟。其中北魏奚康生开凿的 1 号窟规模最大，也是南石窟寺主窟。

南石窟寺 1 号窟呈长方形，高达 13 米，宽约 17 米，深 14 米，结构独特，造型宏伟。整个窟呈覆斗形顶，门口的狭小与窟内的宽敞反差极大。迎面三壁围立的 7 尊立佛像均高达 7 米，这些佛像形态各异，栩栩如生，为北魏风格。七佛是佛教造像和壁画中常见的题材，在中国早期石窟中就已出现。但以表现七佛为主的七佛窟的出现则以南石窟寺和位于庆阳的北石窟为最早，它们开创了佛窟营造史上一种新的形制。

1 号窟窟顶布满浮雕，诸如舍身饲虎、宫中游戏之类的佛经故事。雕刻简练概括，线条生动流畅，充分反映了古代能工巧匠的聪明才智和对未来生活的美好憧憬。

1988 年，南石窟寺被国务院确定为全国重点文物保护单位。

6.1.6　舌尖上的平凉

甘肃平凉是华夏农耕文明的起源地之一，西北特有的豪爽与实在，也深深融入了当地无数舌尖美味之中。数千年来，特殊的农牧交错地带地理特征和人文禀赋，造就了平凉美食的多样性，以及粗犷中不乏细腻的独特风味。

民谚云："不吃羊肉泡，枉把平凉到！"平凉羊肉泡，肉汤清而不腻，鲜而不膻，汤里加粉条、葱末、香菜和调料。肉片选取料羊，也叫站羊，肉质肥嫩可口，采取"单走"，即羊肉和泡馍分别送。肉要煮得又酥又烂，起面托托馍要烙得又软又酥。另外配以油泼辣子、香菜、糖蒜等，闻起来香气扑鼻，吃一口大快朵颐，真是又暖胃又开胃。羊肉性热，含高蛋白成分，老幼皆宜，经常食用，可强身健体。

"饸饹"是北方人自创的一个名词，古时称为"河漏"。饸饹制作选用上等精白面粉或混入荞面、高粱面的白面，醒好面后抻成面剂，再搓成条状，放入饸饹床子这个特制的压面工具中。压面入沸水煮熟，捞出控干，拌上熟油。另用热油将辣椒和萝卜丁炒出香味，入葱姜蒜、盐、大料、陈醋等翻炒，再下优质猪肉切成的小丁炒熟。做好的臊子加点豆腐丁，加水后文火慢煮，这个步骤叫"调汤"。有的店还会加上豆芽、菠菜、蒜苗、包菜等配菜，增添了口味的鲜香。

正如《地道风物》记者描述的那样：在老平凉人的心里，饸饹面就是他们心中的"妈妈面"，舌尖上无法割舍的味道。尤其是在农村，办红白喜事招待客人少不了它。就算只是家里日常来客，做上一顿活色生香的饸饹面，才不算失了礼仪。以前，做饸饹面的饸饹床子是家家必备的做饭工具之一，因此它也被称作"床子面"。

在平凉吃饸饹面，讲究的是"油旺汤宽面劲道，实惠杀口余味香"。说的不仅是饸饹面美味，也是平凉人性格里的豪爽实在。

平凉暖锅，坊间称作暖锅子，或叫锅子，尤以庄浪暖锅最为著名。庄浪暖锅历史悠久，起初来源于农村民间各类大型聚会和宴席。平凉暖锅制作精细，从调味的选用、汤料的熬制、原料的加工、菜品的摆放、煮食的艺术都十分讲究。主要以肉、豆腐、粉条、土豆、萝卜、鲜蘑菇、黄花菜等原料组成。制作时先将精心烹制的汤料置入特制器具暖锅中，然后根据顾客不同口味，把加工好的熟料或半熟料放入其中，用木炭点火煨炖，锅开后即可食用，味美醇香。尤其在冬季食用，更会让人感到家的温馨，现在已发展为庄浪县和平凉市主要特色菜肴。

静宁烧鸡亦称静宁卤鸡，是静宁县一带的特色传统名菜，它以形色美观、鲜嫩味美、外表晶亮、卤色褐红、肉香味厚、爽口不腻，驰名甘、陕、宁，是国道驿站时代西兰公路上过往旅客争相购买的地方风味美食，或路途食用，或馈赠亲友，莫不为人称绝，既是筵席美餐，又是滋补佳品。人们形容静宁烧鸡"闻香千里外，味从鸡肉来"。

　　静宁烧鸡选用静宁土种鸡为原料，配以各种佐料精心卤制而成，荣获"中华老字号"品牌和甘肃省"地方名优小吃"称号。凡到过静宁的人，都有一种不吃静宁烧鸡不足以饱口福之感。如今，通过互联网电商平台，静宁烧鸡不仅畅销省内和西北，而且销往全国乃至世界各地。

6.2 高天厚土——庆阳

6.2.1 华夏周祖第一陵

周祖陵景区位于庆城县城东山，因山顶有一座著名的墓冢——周先祖不窋陵而得名。据史料记载，不窋失农官之后，西迁定居今天的庆阳，在陇东庆阳一带创建了华夏文明的农耕文化，他死后葬于此山。

说到周祖陵，也许会有人疑惑，周朝的始祖不是叫"后稷"吗，那么周祖"不窋"又是谁呢？

其实，不窋是"后稷"的儿子，这还得从后稷的故事讲起。相传有邰氏部族有个叫姜嫄的少女在野外郊游，途中看到一个硕大的脚印，一时好奇，便在脚印之上踩上一脚，谁知，这一脚踩下去便受孕生下一男婴。未婚先孕当然不好了，于是，家人瞒着姜嫄偷偷将男婴遗弃，可是，无论丢到哪里，男婴都有鸟兽为其遮风挡雨，众人惊奇，奉之为神，遂迎之回家，因被无数次遗弃，所以取名为"弃"。

弃的母亲姜嫄踩的脚印便是五帝之一的"帝喾"留下的，因在天山巡游，看到姜嫄活泼貌美，心中喜爱，便留下脚印，于是便有了后来神奇之子——弃。弃在年少时便表现出杰出的稼穑之术，成人后，尧帝便请他作"稷"，专门负责农事工作，舜时，弃被封为"邰"地之主。

弃去世后，其子不窋，继位为稷，继续负责农事直到晚年，而此时的夏后不重农事，不窋因此丢官流浪到了戎狄之地，也就是现在的甘肃庆阳庆城境内，不窋死后便葬在今天庆城境内的东山之巅，而不窋的后世子孙也都继续进行着农业生产活动，直到周文王、周武王的崛起。因此，可以说庆阳是周朝事业的酝酿隆兴之地，也是我国农耕文明的发祥地。

如今的周祖不窋墓所在的庆城东山已成为国家森林公园，现存有"肇周圣祖"牌坊、周祖大殿、周祖陵亭、周祖碑亭、八卦亭、三十八王庙、碑廊等建筑，而其中的"三十八王庙"更是将周朝的三十八位天子的塑像和画像在殿中作以集中的展示，对于更好地了解周代历史提供了丰富翔实的资料。

肇周圣祖牌坊正面题写有"肇周圣祖"四个刚劲大字，牌坊的背面有"钟灵毓秀"四个大字，穿过牌坊，正面就是周祖大殿，大殿建于平台之上。除却山顶的周祖文化区，景区内还有岐伯大殿、拜师亭、论医亭、十大名医祠等仿古人文景点，也使得周祖陵森林公园更具文化内涵和人文底蕴。

岐伯生活于人文始祖轩辕黄帝时代，他和黄帝以问答的形式著成《黄帝内经》，书中总结了先秦医学思想与临床经验，由此，岐伯被尊称为"中华医学之祖"。岐伯与黄帝论医三天三夜，黄帝提出了 1088 个问题，岐伯分别从"上医医国、中医医人、下医医病"三个层面回答了这 1088 个问题。

岐黄中医药文化博物馆外形采用仿古建筑，呈"品"字形布局，中间为展览区，两侧为综合服务区。博物馆以岐黄中医药文化为主题，以中华五千年中医药历史为主线，立足庆阳本土，辐射全国杏林。

2005 年 12 月 23 日，国家林业和草原局准予设立周祖陵国家级森林公园，定名为"甘肃周祖陵国家森林公园"；2010 年 1 月 18 日，农业农村部批准"庆阳市庆城县周祖陵景区"为国家 AAAA 级旅游景区；2012 年 12 月 4 日，农业农村部、文化和旅游部确定"庆阳市庆城县农耕文化产业园"为全国休闲农业与乡村旅游示范点；2013 年 8 月 30 日，国家中医药管理局确定甘肃"岐伯圣景"为国家中医师承基地；2013 年 11 月，文化和旅游部、国家中医药管理局复函同意甘肃陇东南（庆阳、平凉、定西、天水、陇南五市）为国家中医药养生保健旅游创新区。

6.2.2　南北石窟寺双明珠之北石窟寺

北石窟寺位于甘肃省庆阳市西南 25 公里处，因与甘肃省平凉地区泾川县南石窟寺同时代开凿，南北辉映，直线相距 45 公里，故称北石窟寺。

北石窟寺始造于北魏宣武帝永平二年（509 年），和南石窟寺同为北魏泾州刺史奚康生主持创建。历经西魏、北周、隋、唐、宋、清各代相继增修，形成一处较大规模的石窟群，是丝路北道上的重要石窟。1988 年 1 月，北石窟寺被国务院公布为全国重点文物保护单位，现为陇东著名的旅游胜地。

北石窟寺是甘肃四大石窟之一，现存窟龛 296 个，石雕造像 2126 身，壁画 96.7 平方米，题记 150 则。主要精华石窟集中在寺沟主窟群，此处有 283 个窟龛，分布在高 20 米、南北长 120 米的黄砂岩崖体断面上。石窟雕造内容极其丰富，其千姿百态的石雕艺术浓缩了陇东汉唐文化的精华，也是古代中外文化交流的结晶，在中国佛教石窟艺术史上占有一定的位置。代表洞窟有北朝的 165 号窟、240 号窟和盛唐时期的 32 号窟、222 号窟、263 号窟。

特别是奚康生创建的 165 号洞窟，高 14 米，深 15.7 米，宽 21.7 米，规模宏大，全国罕见。窟内造像宏伟精湛，庄严肃穆，不失北魏造像的光彩和魅力。除此之外，还有 240 号窟的北周造像，显示了淳朴厚重的风度。

北石窟寺内唐代窟最多，其中最有代表性的是建于武则天如意元年（692 年）的 32 号窟，窟内的大小雕像面容丰腴，姿态动人，堪称盛唐风格艺术精品，使唐代造像在艺术上达到了新的高度。

另外，窟内还保存着隋、唐、宋、金、西夏、元等各代的题记 150 多则，是研究历史、书法的珍品，题记确切记载了石窟的开凿年代，为研究历代社会生活和发展变化提供了很有价值的文字资料。

6.2.3　华池南梁革命纪念馆

　　南梁革命纪念馆坐落于庆阳市华池县，是原陕甘边区苏维埃政府所在地，现为全国爱国主义教育示范基地、全国国防教育基地、全国首批百个红色旅游经典景区、国家 AAAA 级旅游景区。

　　在陕甘边区经过艰苦卓绝的斗争，中国共产党开辟了以南梁为中心的陕甘边革命根据地，创建了中国西北第一个工农民主政权——陕甘边区苏维埃政府。以南梁为中心的陕甘边革命根据地是在远离党中央、远离革命中心的情况下创建的，是在南方各个革命根据地相继沦陷，党中央和各路红军被迫实行战略转移时，中国共产党保存最完整的一个根据地。党史上称它为国内二次革命后期我党硕果仅存的一块革命根据地。它的存在为长征中的党中央和各路红军提供了落脚点，为八路军北上抗日提供了出发点，为后来的陕甘宁边区的发展形成奠定了重要基础，在中国革命史上具有重要的地位，为全国革命胜利做出了很大的贡献。

　　今天，在党中央的领导下，在建设中国特色社会主义征程中，重温革命历史，传承革命精神，早日实现中华民族的伟大复兴和祖国的繁荣昌盛，也是我们中华儿女肩负的神圣使命。

6.2.4　庆阳剪纸

甘肃庆阳历史悠久，早在 20 万年前，人类祖先就在这里繁衍生息。黄土高原造就的黄土风情别具一格，这里有绚烂多彩的民间民俗文化艺术，最负盛名的就是巧夺天工的庆阳剪纸。

著名民俗学家靳之林先生说："庆阳剪纸在人类学、考古学、历史学、民族学、民俗学、美学、艺术学领域里，为我们提供了极为丰富的新课题。一幅传统的陇东民俗剪纸，不仅是一张剪纸，而且是凝聚中华民族几千年历史文化传统的结晶。"

庆阳剪纸，由来已久，在国内外早有影响。早在汉代，随着造纸术的发明，剪纸艺术就开始了。到了隋唐时代，剪纸用途进一步拓展，人们用纸剪出武将秦琼、敬德的形象，贴在门上当做门神，祛邪挡鬼。此后，剪纸艺术不断衍变，题材不断拓宽，用途不断增加，由宫廷祛邪走向民间生活。

庆阳市属黄河中游内陆地区，东、西、北三面隆起，故有"盆地"之称。自古以来处于比较偏远、闭塞的环境中，有很大的封闭性和保守性，很少受到外界因素和其他文化的影响和冲击，逐渐形成了庆阳特有的文化氛围——农耕文化。

庆阳剪纸的艺术家多是目不识丁的农村妇女，甚至一些被中国民俗学会命名的"剪纸艺术大师"也识字不多。她们的手艺是从上辈人那里学来的。农村女孩五六岁就围着奶奶、妈妈学剪纸。

2002 年 6 月首届中国庆阳香包民俗文化节上，庆阳剪纸受到了国内外专家的一致好评，庆阳市被中国民俗学会命名为"民间剪纸之乡"。庆阳剪纸古拙质朴、粗犷奔放、简单明快，与我国其他地区的民间剪纸相比，独具特色。

一是原始图腾文化的遗存。庆阳位于陕、甘、宁三省交会地带，远离大城市，交通闭塞，很少受外来文化冲击。作为生命象征的、以龙为图腾的龙文化，以鹿为图腾的鹿文化，在国内其他地方近乎绝迹，但在庆阳剪纸中一直延续并保留了下来。

二是古代阴阳哲学观的载体。西方哲学以自然科学观认识世界，而中国古典哲学是以阴阳观认识世界的，形成了阴阳五行说。庆阳剪纸，揭示了中华民族根深蒂固的阴阳哲学的奥秘。镇原剪纸《抓髻娃娃》，一手捧鸡一手捧鱼，或一手捧鸡一手捧兔，都是以鸡、兔或鸡、鱼象征日月、天地的哲学观念的反映。此外，《双鱼枕》等剪纸都是远古阴阳哲学观念的载体。

三是远古文物的"纸化石"。庆阳是远古文化的巨大宝库，是华夏民族的摇篮，蕴藏着得天独厚的远古文化。庆阳剪纸既揭示了远古文化的奥秘，又承传着远古文化的信息，是不可多得的远古文物的"纸化石"。

　　剪纸《八卦娃娃》本是古代春节祈祷丰收的剪纸作品，"八卦娃娃"象征太阳普照万物生长，它承载的就是生命崇拜、太阳崇拜的远古文化，是原始社会炎帝部落太阳崇拜的遗存。

　　四是独特的审美意识。庆阳民间剪纸的审美意识不求真实，善于夸张。剪纸《猫吃老鼠》，被吃掉的老鼠还活在猫的肚子里，人隔着猫肚皮还能看得见。这不仅是一种大胆奇特的构思和想象，更是古代独特的一种审美意识。

6.2.5　庆阳香包

香包，古名香囊，又叫荷包，庆阳当地俗称"绌绌""绌儿"。庆阳人民一直沿袭着端午节赠送、佩戴香包的传统习惯。庆阳香包以其古拙质朴、富有原始文化遗存、手法奇特而区别于国内其他地区的香包，赢得了社会各界和国内外专家的一致赞誉和肯定，著名民俗学家靳之林题词赞誉"正宁香包，全国第一"。

庆阳地区有端午节制作并佩戴"绌绌"（"绌"原指原始骨针的一种缝制方法，后借称用布缝制、袋口能松能紧的包袋）的习俗。据说《黄帝内经》的作者岐伯曾携一药袋用以防病治病，并开创"熏蒸法"。因岐伯生于庆阳，故此法在当地渐成习俗，不断流传。草药被称为"香草"，因而药袋便称为"香包"或"绌绌"。中华医学最早的经典之作《黄帝内经》中就有关于香包的记载。

庆阳香包之所以有如此久远的历史，主要因为庆阳有着浓郁的农耕文化习俗。农耕文化一个最显著的特点是男耕女织。妇女除完成织布缝衣外，还做一些工艺品、礼品用来点缀生活、联络感情，香包也就由此而生，并广为流传。

2001年文物工作者在华池县双塔寺塔体内发现了一个保存完好的金代香包。因双塔寺建造于金大定十年（1171年），距今有850多年历史，此香包故被称为"千岁香包"。千岁香包的出土，是对庆阳香包古老文化传承最直接的见证，同时证明了庆阳香包具有十分悠久的历史。

2002年庆阳市被中国民俗学会命名为"香包刺绣之乡"，2005年"庆阳香包绣制"进入国务院公布的第一批《国家级非物质文化遗产名录》。与其他地方的香包相比，庆阳香包有以下显著特点：

①大量蕴藏着人类童年期的多神崇拜和图腾的原始文化痕迹，很多香包中渗透着巫神文化和古代阴阳平衡的哲学观念。②表现手法奇异多样。庆阳香包刺绣手法多变，不求比例；不讲形象，只求神似。③比喻象征，托物言志。比如借葫芦、石榴多籽，盼望多子多福；借大枣、花生、桂圆、莲子之名，取其谐音，寓早（枣）生贵（桂）子之意。④审美观点独特。它不从物质生活着眼，而从意念出发，采用意象手法夸张造型，幻化姿态，多变视点，随意创作，与专业美术有天壤之别。

6.2.6　陇东皮影戏

皮影戏是一种用灯光照射兽皮或纸板做成的人物剪影以表演故事的民间戏剧。表演时，一般由艺人们站在白色幕布后面，一边操纵戏曲人物，一边用当地流行的曲调唱述故事，同时配以打击乐器和弦乐。经过千百年来的积淀，已成为我国宝贵的民族文化遗产。

皮影戏起源很早，按陇东的民间传说，秦始皇的儿子胡亥生下来的时候，整天啼哭不止，有一天，他看到窗子上照射的人影表演便不再哭了，但人影一离开窗子，他又啼哭起来。于是秦始皇命人雕刻出人的形状，不断地表演，胡亥不再哭了，影戏也由此出现了。

据《汉书·外戚传》记载，相传，汉武帝刘彻最宠爱的妃子李夫人过早去世，汉武帝非常思念，经常彻夜难眠。这时候，有一个叫李少翁的方士，深知汉武帝的心事。他花了三个昼夜，用皮子雕刻了和真人一样大的李夫人形象，涂上颜色，学着李夫人生前的动作，在室内挂起了一块白色方形帷幕，点上灯烛，让汉武帝坐在方帷外观看。李少翁贴着帷幕操纵皮人，那影子就像真人一样……这即是中国关于皮影戏的最早记载。

陇东山大沟深，它的皮影因受交通和经济之限，保持了古朴浑厚的特点。这一带的皮影多采用牛皮雕制，故称牛皮灯影，又因多在窑洞中掌灯演出，也有"窑洞影子戏"的俗称。

陇东皮影形体高大、色彩明快，再加上艺人们精湛的表演技艺，配以高亢浑厚的秦腔、眉户音乐，更使这门艺术别具一格。陇东皮影，源远流长，不断发展，成为一枝风格独特、绚丽多姿的民间艺术之花。

在陇东农村，皮影班除到各地参加表演活动之外，常会应邀参加农家的婚、生、寿、丧等民俗礼仪活动。为满足大家看戏的欲望，支起"亮子"，利用日光唱上几段戏，称为"日影""热影子戏"，这一演出形式在全国其他地方较为少见。陇东皮影剧目反映了当地民众习俗与信仰，除常见的传统剧目外，还增加了《封神演义》等民间话本改编的曲目内容。

6.2.7　舌尖上的庆阳

庆阳市的饮食文化源远流长，集各家之所长。随着时代的发展、社会的进步，庆阳人民对饮食品味的追求越来越高，促进了饮食技艺的不断改进和更新。历史悠久的臊子面、荞剁面、羊羔肉等传统名吃，以其独有的地方特色和诱人美味，吸引着满座高朋、四方嘉宾。

羊羔肉是庆阳地区环县等地传统的地方风味名吃，肉嫩味鲜，不膻不腻，非常可口。每年立春至端午节前后，是食用羊羔肉的最好季节。羊羔肉做法较多，以清炖和蒸较为普遍。

荞剁面是庆阳地区北部环县、华池县、庆阳市等地久负盛名的传统名吃，食之别有风味。这里用荞面制成的传统名吃花样繁多，主要有荞面饸饹、荞面削面、荞面搅团、荞面煎饼、荞面凉粉等，而荞剁面最为有名。荞剁面中含有丰富的蛋白质、维生素等，具有活血开胃、清热解毒、降压抗癌、减肥等作用，其中铁盐含量为小麦粉的 3 ~ 20 倍，还含有其他作物没有的叶绿素和芦丁，是糖尿病和高血压患者首选的保健食品。

石子馍是庆阳民间一种古老的传统风味小吃，因将饼放在烧热了的石子上烙制成的，故而得名。由于它历史悠久，加工方法原始，具有明显的石器时代"石烹"遗风，因而被称为我国食品中的"活化石"。

搅团，原料为麦面、玉米面或者高粱面等，其工序是先将部分原料和面放入开水锅，待锅再次沸腾加入剩余原料入锅用棍棒样物（多用擀面杖）在锅里来回搅动，搅拌时锅内如团所以叫搅团，搅动次数越多越好，有七十二搅之说。

6.3　导游养成

6.3.1　案例阅读

生死边缘舍己救人，"最美导游"韩滨感动全国

生死边缘，他将生的希望留给了 47 名游客，自己却与这个世界道别，与他最爱的家人、朋友永别……

2016 年 7 月 1 日，34 岁的焦作导游韩滨带着 47 名北京游客，从三门峡地坑院景区向济源小浪底景区出发。14 时许，旅游大巴行驶到三门峡市陕州区 310 国道王家寨路段时，与前方一辆半挂货车发生追尾。

事故突然，车上大多数正在小憩的游客被一声巨响震醒。坐在离车门最近的韩滨被严重变形的汽车挤压、卡住，车上的人们慌乱了。就在这时，大家听到韩滨大声呼唤大家自救，然后他拼力去砸车玻璃，示意大家砸玻璃逃生，他还试着给乘客打开车门，让游客先下车……

几名游客砸碎玻璃率先逃出，然后车内外的人合力将车门打开，车上的人逃了出来。此时的韩滨已经双腿折断、内脏出血，生命垂危。事故发生后，现场来了救援人员。韩滨对救援人员说："我没事儿，让游客先撤离……"

最后，47 名游客全部得救，而韩滨因伤势较重，送到医院没多久就离开了人世。

"韩滨在生命最后一刻仍没有忘记自己的职责，心中挂念的是我们游客……"北京游客温京来回忆道。韩滨所带旅行团的负责人史传雨与韩滨的最后一次通话也验证了这一点。当日 14 时 12 分，史传雨听说车子出事后，立即拨打了韩滨的电话，电话接通后，韩滨用尽力气只说了一句话："史总，车出事了，快报警，救救游客……"

"救救游客，让游客先撤离。"在生死边缘，韩滨临终的选择是为了游客安全。

临危时刻的壮举固然可敬，而在平凡工作中，韩滨也用实际行动诠释着"最美导游"的使命。韩滨于 2005 年取得国家导游员资格证，2005 年至 2008 年在焦作市新闻国际旅行社从事导游讲解工作，2008 年之后在市友谊旅行社从事导游服务工作。据统计，自从事导游工作以来，韩滨先后接待了来自北京、上海、山东、江苏、河北、山西等地近 500 个旅游团的 2 万多名游客，多次受到游客点名称赞和表扬。他被同事和游客称为"河南旅

游通"。

💬讨论

作为一名"最美"导游，应该具有什么样的素质和品德？

6.3.2 技能提升

（1）一章一测（理论测试 10 题，每题 5 分，共 50 分）

1. 平凉的柳湖公园在清同治十二年曾改为"柳湖书院"，其"柳湖"匾额为（　　）题写。

A. 隗嚣　　　　B. 皇甫枚　　　　C. 左宗棠　　　　D. 张之洞

2. 前秦王（　　）于公元 58 年欲讨前凉，于高平镇设平凉郡，取"平定凉国"之意。

A. 苻坚　　　　B. 许询　　　　C. 谢安　　　　D. 孙卓

3. 明嘉靖初年，被列为全国道教十二大"十方常住"之一的是（　　）。

A. 武当山　　　　B. 崆峒山　　　　C. 玉皇阁　　　　D. 西岳庙

4. 平凉文化发达，名人辈出，最著名的有魏晋时期甘肃著名的针灸医学家、文学家、史学家（　　）。

A. 孙思邈　　　　B. 张仲景　　　　C. 皇甫谧　　　　D. 李时珍

5. 崆峒山位于平凉市西郊 15 公里处，是（　　）支脉。

A. 合黎山　　　　B. 龙首山　　　　C. 六盘山　　　　D. 祁连山

6. 南石窟寺位于泾川县城东北 7.5 公里处，始建于北魏永平三年，为北魏泾州刺史（　　）所造。

A. 奚康生　　　　B. 乐樽　　　　C. 王圆箓　　　　D. 不窋

7. 我国出土的第一块石器在庆阳的（　　）。

A. 北石窟寺　　　　B. 火烧沟　　　　C. 赵家岔　　　　D. 肩水金关

8. 南佐遗址是新石器时代的遗址，在此出土的器物主要有彩陶和（　　）。

A. 石器　　　　B. 泥质红陶　　　　C. 灰陶　　　　D. 黑陶

9. 庆阳石窟中规模最大、保存最完整的一座艺术宝库是（　　）。

A. 北石窟寺　　　　B. 南石窟寺　　　　C. 云崖寺石窟　　　D. 水帘洞石窟

10. 庆阳中南部为黄土塬地区，最大的塬地是（　　）。

A. 早胜塬　　　　B. 宫河塬　　　　C. 董志塬　　　　D. 屯字塬

（2）一章一练（导游讲解，撰写导游词并进行讲解，每篇时间 5 分钟内，主题：平凉崆峒山、泾川大云寺、王母宫、华池南梁）

一章一测参考答案：1.C　2.A　3.B　4.C　5.C　6.A　7.C　8.B　9.A　10.C

（3）综合评价

景点名称				姓名	
理论测试（50分）	导游词撰写（20分）		导游词讲解（30分）		
	结构完整（10分）	文字优美，字数在800～900字（10分）	声音响亮，音色优美（10分）	仪态大方得体，语速适当（10分）	讲解熟练，时间在4～5分钟（10分）
总得分（满分100分）					
需要改进的方面					

第 7 章

绿色峡谷天池溶洞游（东南线）

● **知识目标：**

了解和掌握陇南的文化、历史、自然、人文旅游资源以及红色旅游资源。

● **能力（技能）目标：**

学生储备一定的关于陇南的文化、历史、自然、人文旅游相关知识，并能熟练讲解以上知识，丰富自己的导游讲解内容，完善导游专业知识体系。

● **素质目标：**

陇南既有北国的雄伟，又有江南的妩媚，溪流瀑布、高山峡谷、高山森林展示出无比秀丽的原生态自然山水风光。陇上江南犹仙域，疑是天上非人间，酒不醉人却醉在山水之间。陇南丰富多彩的旅游资源和文化让学生感到无比自豪，增强讲好家乡故事的使命担当和文化自信。

● **拓展学习：**

扫码学习本章拓展阅读知识，观看特色视频微课。

7.1 陇上江南——陇南

7.1.1 陇南概况

陇南市位于甘肃省东南部，是甘肃省下辖的一个地级市，地处秦巴山区，东接陕西，南通四川，扼陕、甘、川三省要冲，素有"秦陇锁钥，巴蜀咽喉"之称。现辖1个区（武都区）、8个县，全市总面积2.79万平方公里，总人口238万。

陇南是甘肃省唯一属于长江水系并拥有亚热带气候的地区，被誉为"陇上江南"。陇南境内复杂的地形、温暖的气候、茂密的森林等得天独厚的自然生态环境为珍贵的野生动物栖息繁衍提供了优越的条件，是甘肃野生动物种类最多的地区。境内有各类野生动物350多种，占全省野生动物种类的一半以上。属于国家级重点保护的稀有动植物有20多种，包括我国独有的"国宝"——"活化石"大熊猫，有"美猴王"之称的金丝猴，还有褐马鸡、藏羚羊、梅花鹿、雪豹等，其中大熊猫的数量占全国总数的1/10。

陇南还是中国主要中药材和油橄榄产地。野生药材种类繁多，人工栽培已有1000多年的历史，境内有各类中药材1200多种，其中名贵药材有350多种，素有"天然药库"的美誉。全市药材年产1500多万公斤，产量占全省的70%以上，出口量占全省的90%以上，当归、黄芪、纹党、大黄等荣获国家《出口商品荣誉证书》，已畅销世界。

陇南历史悠久，早在7000年前就有人类繁衍生息，秦朝时设武都道，汉武帝元鼎六年（公元前111年）设武都郡；东晋、南北朝时期，陇南境内先后建立仇池、宕昌、武都、武兴、阴平5个胡人政权，称为"陇南五国"。古老的氐、羌等民族曾在这里建立地方政权，成为活动中心，汉族、藏族、回族、古氐族、古羌族等多个民族长期生活在一起，形成了多姿多彩的民俗风情，秦陇文化、巴蜀文化、汉族文化和回藏等民族文化相互融合，使陇南地域文化呈现出南北交融、古今并存的显著特色。陇南境内的文县白马人被誉为"东亚最古老的部族"。

《史记》记载，华夏人文始祖伏羲"生于仇池，长于成纪"，仇池就是现在陇南的西和县，至今伏羲崖还耸立在仇池山上。

陇南是中国历史上第一个封建帝国秦王朝的发祥地，秦始皇先祖在陇南的礼县繁衍生息数百年才奠定了雄立关中、定鼎中原、统一六国的千秋基业。位于陇南市成县的《西狭颂》摩崖石刻，是汉代"三颂"中保存最为完整的书法艺术瑰宝。宕昌哈达铺是中国工农红军的加油站和决定中国革命命运的转折点，宕昌哈达铺红军长征纪念馆被列为全国重点文物保护单位。

比较著名的人文景区景点还有成县杜甫草堂、礼县先秦文化遗址、祁山三国古战场、西和仇池国遗址、阴平三国古栈道。陇南的自然生态旅游资源也十分丰富，有西北最大的天然溶洞——武都万象洞、国家级森林公园——成县鸡峰山、文县洋汤天池和徽县三滩、康县阳坝、宕昌官鹅沟等生态旅游风景区。

7.1.2　万象洞

万象洞位于武都区西 15 公里处的白龙江南岸杨庞村半山腰，因洞中有洞，乳石遍布，琳琅多姿，宛如包罗万象的仙宫而得名。万象洞，原名仙人洞、五仙洞，相传五位仙人在此修炼而得名。万象洞形成于约三亿年前，属西北典型的岩溶地貌。洞内深不可测，是目前我国开发的最大的地下天然艺术宫殿，石钟乳、石笋、石柱、石幔、石花等自然景观千姿百态。已开发的 11 个景区，有 120 多个较大景观，依形象排为月宫、天宫、龙宫三大洞天，步入洞中，步移景异，如入仙境。

走进洞内，是一个高大宽敞的大厅，这就是第一景区——月宫。洞口有一形如卧兽的巨石，正向一形似满月的透光石洞张望，好似"犀牛望月"，又像在审视出入的游人。这里的钟乳石奇形怪状，光辉耀眼，或如旭日，或似晓月，或若云霞，或像仙草……放眼望去，处处奇珍异宝，花海果山，怪禽稀兽，五谷丰登，真是万象竞秀，名曰"万象更新"。向前移动，美景层出不穷。由无数石幔组成的长约 10 米、宽约 2.8 米的石帘，自空中垂下，名曰"石帘垂布"，重重敲击，迸发出雷鸣似的巨响。那宛如白玉雕就的五根石柱，俊秀挺拔，直指天穹，名为"五岳朝天"。还有从洞顶垂下的石钟乳和地上苗生出来的石笋，垂直相接，相距不到 0.3 米，起名"天地交泰"，俗称"天针对地针"。

通过一道光洁的、地面上像砌满了云片似的走廊后，就来到了第二景区——龙宫。坝上有二龙盘伏，鳞甲浮动，闪闪发光，仿佛触之即飞。过"溜马槽"则为"黄龙滩"，中有仙人的"炼丹井"，深不可测。设有"仙人床"，床头有"仙人枕"，壁上有"仙人灯"，床下有"仙人履"。内壁角有一小洞，高阔不足 1 米，深约 1.7 米，游人可爬行而过，是全洞最狭窄的地方，因凉风习习，故称"风洞"。过了风洞，便进了天宫。进入一重又一重的门，穿过无数玉砌瑶阶、雕楼琢石的崇楼高阁，美景便不断地涌来。

从南北朝时期至今，历代名人所留墨迹、石碑题记随处可见，共有 100 多方，尤以民国时期陕、甘、青检察使高一涵在洞中所题"别有洞天"和赵朴初题写的"万象洞"最引人注目。诗词题刻 768 首，其中清代武都人贾廷瑄的《万象仙洞》最有代表性，他在诗中赞曰："不是人世间，包罗万象天。卧龙何日起？玉柱几时悬？洞深苔不滑，何处遇神仙？"

万象洞到底有多长，至今谁也没有走到尽头。相传，有豪兴壮游者，曾携带行李干粮，宿于仙人床上，次日攀"天梯"，过"险道"，再行 5 公里，走遍诸洞，赏遍清景，至独木桥，可听见文县的鸡犬之声。故当地有"万象洞如整个山大"之说。

万象洞是我国西北地区发现的一处规模宏大，艺术价值高，既具北国之雄奇，又有南国之灵秀的岩溶地貌，是中国"北方第一洞"，也是一条多姿多彩的"地下文化长廊"。

7.1.3　汉隶精品——《西狭颂》

《西狭颂》摩崖石刻位于甘肃省成县以西 13 公里处的天井山鱼窍峡中，碑文全称《汉武都太守汉阳阿阳李翕西狭颂》，又称《惠安西表》，民间俗称《李翕颂》《黄龙碑》。

《西狭颂》是在东汉特定的文化背景下形成的，是隶书成熟时期的产物，这一时期的金石铭刻和墨迹都有了很大的发展，尤其是汉代隶书刻石风格多样，有墓志，有摩崖，有石经，或端庄，或秀丽，或古拙，在中国书法史上占有重要地位。

《西狭颂》是"三颂"中保存最完好的，至今一字不损。它虽然是隶书成熟时代的作品，但又带有较浓的篆书意味，所以有人说它"结体在篆、隶之间"。但是它用笔本身的撇、点、捺、横等特色，仍然是隶书笔法。它结字高古，庄严雄伟，用笔朴厚，方圆兼备，笔力遒劲。

《西狭颂》摩崖可分为四部分。

（1）正文，为标准的正方形，纵横各 145 厘米，20 行，满行 20 字，计 385 字，正文内容主要记述武都太守李翕的出身、家世，以及修治西狭阁道造福于民的政绩。

（2）《西狭颂》篆额，"惠安西表" 4 字小篆一列在上，字径长约 13 厘米，宽约 9 厘米。

（3）文后题名，12 行，114 字，小于正文，字形略扁，其中第十行："从史位下辨仇靖字汉德书文"，可知《西狭颂》"挥翰遣词皆斯人"（南宋·洪适《隶续》）。

（4）《五瑞图》，位于正文前的拐角处，分别刻有"甘露降"及"承露人"图像 6 幅和对应的题榜 6 处 15 字。在《五瑞图》与正文间，刻有两行题记，共 26 字："君昔在黾池，治崤嵌之道，德治精通，致黄龙、白鹿之瑞，故图画其像"。另外，在"木连理"图下尚有 4 行小字题名 34 字，因年久失修，部分字迹模糊难辨。

《西狭颂》精选历代著名碑帖，纵观中国书法史，适合于专业书法临习及收藏鉴赏之用。碑帖清晰地还原了历代传世碑帖的原貌，注重艺术性与版本价值的结合，是广大临习书法者的首选之帖。

《西狭颂》镌刻崖体为花岗岩，石质坚硬细密，其碑面向内凹进，上有天然石龛遮掩，崖面坐阴，相隔不足 20 米的单山相蔽，且崖下潭水相润。故《西狭颂》崖面风吹不着，雨洒不着，日晒不到，加之地处偏僻峡谷，山势险峻，道路难行，人迹罕至，崖面陡峭，距地面较高，不易攀爬，锤拓难度很大，虽经 1800 年之久，碑文等完好无缺。1982 年修起碑亭和铁栅以作保护。近年经政府修葺，曲径通幽，栈道悬壁，古亭护于崖前，铁栅栏阻人进前，但观瞻碑文无碍。并不是讹传的"碑石几经刻洗，已貌存神遗"，而是古碑神采依旧照人，2001 年被国务院公布为第五批全国重点文物保护单位。

7.1.4　官鹅沟国家森林公园

官鹅沟国家森林公园位于甘肃省宕昌县城郊，距甘肃省省会兰州市 340 公里，地处青藏高原东部边缘与西秦岭、岷山两大山系支脉的交错地带，毗邻中国革命历史文化名镇哈达铺，衔接世界文化遗产九寨沟风景名胜区。

官鹅沟国家森林公园范围包括大河坝沟、马圈沟、官鹅沟、缸沟、八峡沟、大庙滩六大景区，东西长 39 公里，南北宽 41 公里，总面积 500 平方公里，森林覆盖率达 75.1%。公园集森林景观、草原景观、地貌景观、水体景观、天象景观等自然景观和人文景观于一体，景观资源整体品位高，空间布局特点突出，动植物分布多样，生态环境优美，自然景观奇特。沟内前 14 公里为 13 个色彩斑斓的湖泊，后 18 公里为松柏茂密的原始森林，有 9 道高耸入云的险峻峡谷，有 11 处从山顶或半山悬崖上直泻而下的大小瀑布，有 60 余处令人赞叹的景点，最深处为高山草甸和终年不化的雪山。依据《中国森林公园风景资源质量等级评定》有关指标，经专家评定，官鹅沟国家森林公园风景资源质量等级为一级。

官鹅沟水美。13 个大小不等、形态各异的湖泊，犹如一串绿色的宝石镶嵌在沟内，湖水清澈透底，随湖底地貌高低呈不同颜色，那些倒映在湖中的古树像一条条巨龙卧在湖底。蓝天白云和青山古树，映入湖中，使天地浑然一体，没有界限。

官鹅沟雄伟。海拔在 1760 ~ 4150 米，群山错落，绿水环绕，古树参天，气象万千。雄伟处绝壁悬崖直插云霄，气势恢宏，蔚为壮观，处处都是山水画。

官鹅沟奇险。在湖泊和雪山之间，9 道险峻深幽的峡谷让人惊叹不已。在长数百米、高数百米、宽仅十米的各种形态的峡谷中，河水震耳欲聋，凉风扑面而来，悬崖古松掩日，瀑布飞泻直下。游人至此，有身处绝境之感，如此鬼斧神工的自然奇观，实属国内罕见。

珍稀动植物种类丰富。在官鹅沟国家森林公园的茫茫林海中，栖息着白唇鹿、金钱豹、云豹、斑尾榛鸡等 4 种国家一级保护动物；毛冠鹿、黑熊、蓝马鸡、褐马鸡、红腹角雉等 23 种国家二级保护动物；豹猫、北方山溪鲵、石貂等 7 种省重点保护动物。置身官鹅沟，常闻百鸟欢歌，偶见山鸡、野兔、松鼠出没。这里，漫山遍野生长着云杉、秦岭冷杉、油松、桦木、白杨等乔木，还有牡丹、芍药、野丁香、黄杨、虞美人、杜鹃等 700 多种灌木，分布着刺五加、冬虫夏草、半夏、贝母、细辛、大黄等 100 多种药用植物，松软的林地上镶嵌着羊肚菌、野蘑菇等食用菌。走进公园，你就走进了一个名副其实的天然动植物园。

7.1.5　文县天池

文县，位于川、陕、甘三省交界，古称阴平，北周始称文州，明朝时称文县，沿用至今。境内重峦叠嶂、高山峡谷、流泉飞瀑遍布，自然风光为三陇之冠。文县旧志载，文县天池，碧波万顷，如揩新绿，微风鼓浪，势若海潮，岩松倒影，隐如龙跃。龙王庙前，有古松二株，大可十围，时有仙鹤来栖。1993 年，成立了文县天池公园，2005 年批准为国家级森林公园。

文县天池是域内一张最靓丽的名片，坐落在距文县城西北 85 公里的天魏山上，旧志称其为"天魏湫"，民间称为"洋汤天池"。其状如葫芦，湖泊面积有 1 平方公里，水深不可测，湖面海拔近 2000 米，高入云天，青山环抱，澈如明镜，犹如一颗蓝色的宝石镶嵌在万山丛中。

天池风光优美，景色如画，为文县八景之一，烟波浩渺，水天一色，"日临清濑常浮鲤，云护深潭疑隐龙"。湖面景象随时辰变幻无穷，或清澈如镜、碧波不兴，或波光粼粼、耀金泻银。湖畔多奇峰怪石、茂林修竹，在池水中留下倒影，湖光映衬、山光水色，相得益彰。天池四季景色各异，春色恬静，夏季如黛，秋韵斑斓，冬景圣洁。天池景色众多，有象鼻咀、仙女石、狮子包、捉鱼沟、月溜湾、马鞍峰、骑马梁、牧马坪、五指洞等。

仙女石是天池捉鱼沟口的一块巨大秀石，石呈瘦长形，亭亭玉立，形如一位俊秀的女郎，含情脉脉地面对池水。这里流传着一个美妙动人的故事。相传，西山老母的小女儿水珠，因过不惯西山寂寞的生活，到处游历名山大川。有一年端午节，她来到文县深山峡谷上空，发现这一带旱情相当严重，遂就地画了一个葫芦形池子，将宝瓶中的水倾入，不料将水倒多了，眼看就要泛滥成灾，她急忙请来 9 位天将和 108 名天兵，画了 9 湾 108 区，她还亲自在池水横溢的大坝腰间用手戳了 5 个洞口，治理了池水，便形成了现在的天池和五指洞。水珠看见治理好的天池美如天境，便决定不再回西山，留在天池修山种树，天长日久，便化成了仙女石。而远在西山的西山老母，久等不见水珠归来，便外出找寻，找到天池才发现女儿已变成了巨石，一急之下，也变成了一座峰崖。现在天池四周的山峦中有一形似老妪的山崖，名曰"老母崖"，相传系西山老母所变。崖下有两股永不涸竭的泉水，说是西山老母思念女儿的伤心泪。就连崖顶形如秀发的香丝草，也就成了水珠梳发时落下的乌发。还有照壁山上如帘的清流，说是水珠梳妆时的镜子，捉鱼沟是水珠捉鱼的地方，水烧山是水珠照明的火把等。

天池有五奇：一奇曰深，水深 97 米，入水甚少，出水极大。二奇曰清，湖面终年碧水清澈，四季不见树叶漂游，纵然稍有杂草枯叶落于水面，旋即就被水鸟衔走。三奇曰亮，天池终年银光闪闪，海天茫茫，宛如一面晶莹的大宝镜镶嵌在天地之间。四奇曰涌，湖底有暗流，湖心有水涌。五奇曰温，冬季零下 10℃时仍不结冰，如遇云雨天气，如梦如幻的天池，被薄雾细雨笼罩着，细雨霏霏，灰蒙蒙，雾沉沉，似轻纱飘逸，如万珠滴翠。

此外，这里还生活着一个独特的民族——白马藏族。据旧县志载，南北朝时期，强大的氐族在文县（阴平道）腹地建立了阴平国，氐族政权相继存在了一百多年，到现在，氐族作为一个民族，已经消亡了。但是，一个神奇的少数民族——白马人，以自己特有的民族风情，在文县天池和周边地区的崇山峻岭中顽强地生存着。据有关专家考证，他们不是典型的藏族，而是氐族后裔，白马民族民俗风情已成为文县天池自然风景区一道亮丽的风景线。

7.1.6　舌尖上的陇南

武都洋芋搅团，是将土豆煮熟、剥皮，放入专用木槽内，用木槌砸捣至黏团状，色泽光亮微黄。热食，放入酸菜浆水中略煮，连同酸菜浆水盛碗后调以盐、油泼辣子即食；冷食，盛碗后调入调和炝煮的醋、油泼蒜、辣子即食。风味独特，口感滑润、清香。

宕昌红军锅盔，红军锅盔并不是红军所制作的锅盔，而是在宕昌县有一个名叫红军的人发明的一种主食。其外形优美，香醇味美，能久放，便携带，在当地很受欢迎。

文县豆花面，面条清香可口，加上一勺豆花，清热祛毒、回甜止渴；也可以调上辣椒油，将清香可口的豆花面"变身"为酸辣豆花面，刺激你的味蕾，令人食欲大开，是记忆中永远无可取代的美味！

康县油面茶，将炒熟的白面加水煮沸，调以薄荷、藿香等香料，加上康县特产大叶绿茶，盛碗后再调以炒熟的核桃面、鸡蛋丁、豆腐丁、洋芋丁等。或名"三层楼"，或名"五层楼"，香味浓，口感好，久食养人。

成县馄饨，汤料有川味风格，但具有自己的独特味道，馄饨做法类似燕尾饺子，和南方所谓馄饨大有不同，肉较少，以韭菜之类调味，实属地道美味。

徽县江洛棒棒面源于扯面，用挂面制作手法，兼容扯面工艺，配小葱、蒜苗、辣子、豆腐丁等佐料，吃来口感独特，鲜红的油泼辣子，翠绿的葱花，泛黄的豆腐丁，令人食欲大增。

西和锅盔，向来以闻着香、吃着酥、出门携带方便、家里久存不坏而闻名。它既是一种独特的风味食品，又是馈赠亲朋好友的礼品。

礼县热面皮，爽滑筋道，辣味十足。将面粉制成的面皮和面筋蒸熟后，用盐、辣椒、醋等调味料搅拌，再配以时令蔬菜即可。吃面皮讲究两个方面：热和辣。热，必须是热水里煮过的碗。辣，讲究就多了，面皮的色、香、味主要都在辣椒上，辣椒得香而不辣。

两当狼牙蜜，因蜜源是狼牙刺而得名。两当狼牙蜜称得上是蜂蜜中的上品，是甘肃特产之一，气味浓香，色泽清亮，含糖适中，结晶细腻，为补养健身、药用除疾之上品。

陇南美食多种多样，口味独特，可以让你的味蕾得到极致的享受。

7.2　导游养成

7.2.1　案例阅读

一条腿换回39条人命

2013 年 7 月 25 日，乌鲁木齐市蓝天白云，阳光灿烂。导游王伟带着由 39 名游客组成的旅行团乘坐大型旅游客车，前往沙湾县东大塘景区旅游。车辆穿行在风景如画的郊区公路上。车窗外，道路两旁紧连着绵延不绝的青青河谷，尽头是如墨如黛的昆仑山脉。盛夏正是新疆出游的好时节，随着王伟幽默的讲解，游客们说唱笑闹，沉浸在温暖、惬意的旅行时光中。到达景区后游客们爬山、享温泉，玩到 18 点 30 分左右，天色阴沉下来，游客们在王伟的招呼下陆续上车。然而，只过了 20 分钟，山里天色大变，天空中阴霾细雨，旅游客车在冷风沁骨中行驶上一条通往危险的路途。

时针指向 7 点整，狂风骤起，细雨瞬间变成了暴雨，连带着冰雹从天上砸下来。看着指甲盖大小的冰雹"啪啪啪"地砸在车窗上，游客们开始感到不安，语调也"高了八度"讨论这异常的天气。

车辆被裹挟在暴雨和冰雹中缓慢前进，路面被奔流而下的泥水覆盖，车体开始摇晃。由于内外温差大，车内前挡风玻璃上瞬间凝结出一层厚厚的雾气。坐在司机后排的两位男游客站起来，想帮司机擦擦玻璃。瞬间，洪水咆哮袭来，四五米深的水将 3.8 米高、19 吨重的客车"托起"抛到路基边的河沟里。车辆完全失控，在洪水中随波逐流，游客尖叫声一片。在随后的 4 秒时间里，车辆被洪水猛"推"到前方的桥墩上，发出"砰"的一声巨响。

坐在车辆后部的游客李先生整个人飞离座位，随后身体被安全带猛地拽回来，头重重地撞在前面的座椅靠背上。等定下神一看，行李架上的东西四处散落，车内一片狼藉。不幸中的万幸，正是因为这一撞，车体停止漂流，没有往下翻滚，为 39 名乘客成功逃生赢得了宝贵的时间。导游王伟所在副驾驶位置是车体最为严重的受创点和着力点，他的双腿被死死卡在副驾驶位置与前车门之间，湍急的洪水霎时漫到了他的腰部。王伟强忍剧痛对司机大喊："别管我，先去救游客，把二楼天窗砸开，让他们出去。"司机砸开天窗，用近一小时的时间，帮助 39 名游客们逐一爬出车体，并将他们转移到安全的地方。

此时车内只剩下王伟一人泡在齐腰深的洪水里，挡风玻璃被撞碎，顺着空空的大洞能看到天空阴云密布、暴雨如注。山洪随时会再次暴发，旅游客车随时会被冲走。"矿工的撬杠一撬，车身就晃。太危险了，不能让我们几个都死在这里。"王伟坚决要求人们停止施救，尽快撤离。

在车里一困就是 4 个小时。在这漫长的时间里，王伟想了很多，想得最多是年迈的父母。

深夜 23 时，消防队员赶到现场，通过切割车体终于把王伟救出来。

王伟的朋友很多，同行、游客时时来探望，病房里一直人来人往。在他病床右侧的落地窗前，摆放着探望者送来的一束束鲜花。一句祝福语被同行别出心裁地写在凤梨酥盒盖上，"矗立"在花丛中："你是我们的骄傲！坚持，加油！"

"很多游客在机场与他离别时都流泪了，在短短七八天内，能建立起这么深厚的感情，靠的是专业、敬业、热情和真诚。"旅游业界同行、资深经理人张星对天山网记者说。

对于未来的路怎么走，王伟也有自己的想法，"我很热爱旅游行业，即便从事不了导游一线的工作，能在别的岗位上做一些事情也挺好，不想离开这个行业。"

💬讨论

导游服务过程中如何体现导游职业的"道"与"德"？

7.2.2　技能提升

（1）一章一测（理论测试 10 题，每题 5 分，共 50 分）

1. 目前我国开发的最大地下天然艺术宫殿是（　　　）。

A. 麦积山石窟　　　B. 天梯山石窟　　　　C. 万象洞　　　D. 莫高窟

2.《西狭颂》摩崖碑的碑刻字，笔画舒展平稳、独具风格，为（　　　）。

A. 小篆　　　　　　B. 汉隶　　　　　　　C. 楷书　　　　D. 行书

3. "东汉摩崖石刻西狭颂" 9 个字是当代著名国画大师（　　　）题写的。

A. 启功　　　　　　B. 齐白石　　　　　　C. 李可染　　　D. 徐悲鸿

4. 据县志记载，南北朝时期，强大的（　　　）族在文县腹地建立了阴平国，其政权相继存在了一百多年。

A. 回   B. 藏   C. 氐   D. 羌

5.《西狭颂》亦有人称其为（   ）。

A.《元丰类稿》   B.《耿勋太守碑》   C.《西羌古风》   D.《惠安西表》

6. 氐族作为一个民族已经消亡了，但是，一个神奇的民族——（   ），以自己特有的民族风情，在文县天池和周边的崇山峻岭中顽强地生存着。

A. 白马人   B. 鲜卑人   C. 党项人   D. 羌人

7.(   ) 境内的祁山武侯祠，是诸葛亮六出祁山、北伐中原的前线指挥部。

A. 成县   B. 康县   C. 文县   D. 礼县

8. "一山有四季，十里不同天" 说的是（   ）。

A. 天水   B. 兰州   C. 陇南   D. 庆阳

9. "万象洞" 三个字是由（   ）题写的。

A. 赵朴初   B. 齐白石   C. 李可染   D. 徐悲鸿

10. 多选题：以下属于陇南小吃的有（   ）。

A. 洋芋搅团   B. 玉米面面鱼   C. 荞粉   D. 油面茶   E. 漏鱼子

（2）一章一练（导游讲解，撰写导游词并进行讲解，每篇时间 5 分钟内，主题：宕昌官鹅沟、迭部俄界会议旧址、腊子口战役纪念馆）

一章一测参考答案：1.C   2.B   3.C   4.C   5.D   6.A   7.D   8.C   9.A   10.ABCDE

（3）综合评价

景点名称			姓名		
理论测试（50分）	导游词撰写（20分）		导游词讲解（30分）		
	结构完整（10分）	文字优美，字数在800~900字（10分）	声音响亮，音色优美（10分）	仪态大方得体，语速适当（10分）	讲解熟练，时间在4~5分钟（10分）
总得分（满分100分）					
需要改进的方面					

参考文献

[1] 张华 . 走进甘肃 [M]. 兰州 : 甘肃教育出版社 ,2022.

[2] 张克夏 . 甘肃史话 [M]. 兰州 : 甘肃文化出版社 ,2007.

[3] 王乃昂 , 王静爱 . 甘肃地理 [M]. 北京 : 北京师范大学出版社 ,2020.

[4] 高亚芳 . 甘肃导游词 [M]. 北京 : 中国旅游出版社， 2003.

[5] 郭嘉 , 秦斌峰 . 精编甘肃导游词 [M]. 兰州 : 甘肃教育出版社 ,2009.

[6] 董恒年 . 美丽甘肃 [M]. 北京 : 蓝天出版社 ,2015.

[7] 甘肃省地方史志编纂委员会 . 甘肃省志·自然地理志 [M]. 兰州 : 甘肃文化出版社， 2018.

[8] 甘肃省地方史志编纂委员会 . 甘肃省志·文化志 [M]. 兰州 : 甘肃文化出版社， 2017.

[9] 雒庆娇 . 甘肃省少数民族非物质文化遗产保护研究 [M]. 北京 : 商务印书馆， 2015.

[10] 高亚芳 , 吴昱群 , 许波 . 甘肃导游教程 [M]. 北京 : 旅游教育出版社， 2018.

[11] 韩荣良 , 韩志宇 . 甘肃导游 (中英对照)[M]. 北京 : 旅游教育出版社， 2006.

[12] 侯杨方 . 这才是丝绸之路 [M]. 北京 : 中信出版社 ,2023.

[13] 藏羚羊旅行指南编辑部 . 甘肃深度摄影之旅 [M]. 北京 : 电子工业出版社 ,2014.

[14] 刘建丽 , 刘光华 . 甘肃通史 [M]. 兰州 : 甘肃人民出版社 ,2009.

[15] 孙占鳌 . 甘肃简史 [M]. 兰州 : 兰州大学出版社 ,2020.

[16] 叶梓 . 陇味儿 [M]. 北京 : 新知三联书店 ,2020.

[17] 伏俊琏 , 周奉真 . 甘肃文化史 [M]. 北京 : 中华书局 ,2022.

[18] 丁海笑 . 甘肃和宁夏 [M]. 北京 : 中国地图出版社 ,2021.

[19] 中国地图出版社 . 甘肃省地图册 [M]. 北京 : 中国地图出版社 ,2022.

[20] 颜东 . 自由自在游甘肃 [M]. 北京 : 人民交通出版社 ,2003.

附

录

交响丝路　如意甘肃

扫码获取
拓展阅读、综合复习题及参考答案

多彩甘肃，芬芳陇原

　　甘肃省是一个多民族聚居的省份，全省居住着 56 个民族，其中世居少数民族有回、藏、东乡、蒙古、裕固、保安等，其中东乡族、保安族、裕固族是甘肃省的特有民族。截至 2021 年末，甘肃省常住人口为 2490.02 万人，其中，少数民族人口为 241.05 万人，占全省总人口的 9.43%。甘肃省民族地区包括 2 个自治州（甘南藏族自治州和临夏回族自治州）、7 个自治县（张家川回族自治县、天祝藏族自治县、肃北蒙古族自治县、肃南裕固族自治县、阿克塞哈萨克族自治县、东乡族自治县和积石山保安族东乡族撒拉族自治县）。另外，全省还有 35 个民族乡（镇），其中回族乡 16 个、东乡族乡 8 个、藏族乡 7 个、裕固族乡 1 个、蒙古族乡 2 个、土族乡 1 个。

　　从分布情况来看，回族主要聚居在临夏回族自治州和张家川回族自治县，散居在兰州、平凉、定西等地市；藏族主要聚居在甘南藏族自治州和河西走廊祁连山的东、中段地区；东乡族、保安族、撒拉族主要分布在临夏回族自治州境内；裕固族、蒙古族、哈萨克族主要分布在河西走廊祁连山的中、西段地区。全省 86 个县、市、区中，除少数民族聚居的 21 个县、市外，其余 65 个县、市、区中均有散居的少数民族。

沿着逶迤的祁连山，感受裕固风情；穿过古老的母亲河，品回族、东乡族、保安族特色；沿着"丝绸之路"西行，在去凉州的路上，乌梢岭脚下，一见英雄部落——华锐藏族的真容；至岷山东端摩天岭中，感受白马藏族的自然崇拜。

多彩甘肃，芬芳陇原！

驼铃古道丝绸路　胡马犹闻唐汉风

"丝绸之路"是历史上一条横贯欧亚大陆的重要贸易交通线，在历史上促进了欧、亚、非各国和中国的友好往来。中国是丝绸的故乡，在经由这条路线进行的贸易中，中国输出的商品以丝绸最具代表性。德国地理学家费迪南·冯·李希霍芬（Ferdinand von Richthofen）在 1877 年出版的《中国》一书中，将这条陆上交通路线称为"丝绸之路"，此后中外史学家都赞成此说，沿用至今。

长征丰碑，红色陇原

2021 年，甘肃省出台《关于加快推进红色旅游高质量发展的实施意见》，旨在推动红色旅游与生态旅游、乡村旅游、文化旅游等融合发展，提升红色旅游的吸引力和影响力。2022 年，甘肃省发布《关于促进旅游业高质量发展的若干措施》，其中明确提出要加大对红色旅游景区的支持力度，提升红色旅游景区基础设施和服务水平。2023 年，甘肃省政府印发《甘肃省"十四五"旅游业发展规划》，其中将红色旅游作为重点发展方向，提出要打造一批具有全国影响力的红色旅游品牌和线路。依托甘肃省红色旅游资源特点，培育形成东部红色沃土旅游区、中南部长征丰碑旅游区、河西红西路军征程旅游区等三个红色旅游区；培育打造南与四川相连的红色丰碑旅游线、北与宁夏相接的长征胜利旅游线、东与陕西呼应的红色沃土旅游线、西与新疆相通的英雄史诗旅游线四条红色旅游精品线路。

在内容建设方面，突出陕甘边区苏维埃政府、红军长征在甘肃、西路军浴血河西、解放兰州战役，以及社会主义建设时期和改革开放以来甘肃省标志性建设项目等重点内容，打造纳入全国红色旅游经典景区和"十三五"时期重点建设的华池县南梁陕甘边区苏维埃政府旧址、会宁县红军长征会师旧址、迭部县腊子口战役遗址和酒泉卫星发射中心等红色旅游景区。今后几年，将围绕红色旅游景区建设、资源利用、线路产品推广、人才培养等重点任务，着力实施红色旅游工程，不断强化红色旅游的教育功能，充分发挥红色旅游扶贫富民作用。

甘肃有可歌可泣的革命斗争史，有众多宝贵的革命遗迹，拥有多处国家级红色旅游景点。在革命战争时期，华池南梁苏维埃政权一直是陕甘宁边区最早的红色革命政权，迭部天险腊子口战役打开了红军通往陕甘革命根据地的胜利之门，宕昌哈达铺会议决定了红军长征的最终去向和目的地，会宁作为中国工农红军长征中的四大聚焦点之一，是红军会师地、长征胜利地和中国革命中心战略大转移的标志地。

新中国成立以后，中国第一个石油基地玉门油田、中国第一座百万千瓦级大型水利枢纽刘家峡水电站，为我国社会主义建设事业做出了重要贡献。改革开放以来，酒泉卫星发射基地成立我国载人飞船发射场，舟曲泥石流灾害纪念设施显示了伟大的抢险救灾精神，这些宝贵的红色旅游资源已成为甘肃省进行革命教育、发展旅游的基础，成为全省旅游业率先实现跨越式发展的重要抓手。

翻开如火如荼的中国革命历史画卷，地据南北之中、为东西咽喉之要塞的甘肃占有特殊而重要的一页。这里不仅是中国西部最早的红色革命政权诞生地，也是中国工农红军二万五千里长征胜利的终点，同时还是红军西路军悲壮历史的见证地。

这是中国历史上一座巍峨不朽的红色丰碑，更是中华儿女一笔弥足珍贵的精神财富。不论你是否意识到，当你踏上甘肃这片土地时，你的脚印便已经和无数红军战士的足迹重叠在了一起。每一位英雄的背后，都是一段血与火的洗礼。他们的鲜血染红了热土，更染红了一种信念；他们的精神穿透了历史，更点燃了后人的热血。

如今，翻阅档案，查找文献，我们试图还原那一段悲壮而豪迈、艰辛而辉煌的历史，写下过去的壮阔与今天的感动，并不仅仅是为了缅怀和纪念，更是为了沿着革命先辈开拓的精神航道，赓续那股生生不息的红色力量……

打造红色旅游新业态

2018 年 4 月，长征沿线红色旅游城市联盟成立大会暨第七届甘肃·会宁红色旅游文化节新闻发布会在兰州举办。

此次红色旅游文化节会活动以"相约会师圣地·体验红色旅游"为主题，旨在联手江西省瑞金市、于都县、信丰县，广西壮族自治区兴安县，广东省南雄市，湖南省通道侗族自治县、宜章县、汝城县，云南省威信县、禄劝彝族苗族自治县，贵州省习水县、播州区，四川省泸定县、小金县，重庆市酉阳县，河南省罗山县，陕西省吴起县，甘肃省迭部县、宕昌县、通渭县、静宁县、平川区，青海省班玛县，宁夏回族自治区隆德县、西吉县等长征沿线 13 个省的 25 个红色旅游城市，建立长征沿线城市红色旅游区域合作组织，构建"资源共享、优势互补、合作共赢、共同发展"的合作机制，共同打造红色旅游联合体，架起区域旅游发展新桥梁，推动长征沿线城市互为客源地、互为旅游目的地，提高红色旅游资源的知名度和美誉度。发挥旅游产业在精准扶贫、精准脱贫中的重要作用，推动革命老区和红色旅游城市经济快速发展。

红色旅游主要是以中国共产党领导人民在革命和战争时期建树丰功伟绩所形成的纪念地标志物为载体，以其所承载的革命历史、革命事迹和革命精神为内涵，组织接待旅游者开展缅怀学习、参观游览的主题性旅游活动。红色旅游把红色人文景观和绿色自然景观结合起来，把革命传统教育与促进旅游产业发展结合起来，是一种新型的主题旅游形式，其打造的红色旅游线路和经典景区，既可以观光赏景，也可以了解革命历史，增长革命斗争知识，学习革命斗争精神，培育新的时代精神，并使之成为一种文化。

走马甘肃　揽胜陇原

甘肃历史跨越八千余年，是中华民族和华夏文明的重要发祥地，被誉为"河岳根源、羲轩桑梓"。甘肃，简称甘或陇，中华人民共和国省级行政区，省会兰州，省名取甘州（今张掖）与肃州（今酒泉）二地的首字而成。由于西夏曾置甘肃军司，元代设甘肃省，简称甘；又因省境大部分在陇山（六盘山）以西，而唐代曾在此设置过陇右道，故又简称为陇。

甘肃地处中国西北地区，东通陕西，南瞰四川、青海，西达新疆，北通宁夏、内蒙古，西北端与蒙古国接壤，境内为黄土高原、青藏高原和内蒙古高原三大高原的交汇地带，气候类型多样，从南向北包括了亚热带季风气候、温带季风气候、温带大陆性气候和高山高原气候等四大气候类型。甘肃省现辖 12 个地级市、2 个自治州，总面积 45.59 万平方公里。根据中国经济信息网数据发布的信息显示，2022 年甘肃省总人口为 2492 万人。